丛书编委会

总　策　划：来新国　王文成

编委会主任：郭齐勇　周晓亮

编　　　委：来新国　陈知涯　张　彧　尹格韬　沈　众

　　　　　　王文成　孟淑贤　周长志　罗养毅　秦　丹

　　　　　　乌　琛

大家精要
典藏版丛书

简读

魏徵

赵望秦　著

陕西师范大学出版总社　西安

图书代号　SK24N1915

图书在版编目(CIP)数据

简读魏徵 / 赵望秦著 . — 西安：陕西师范大学
出版总社有限公司，2025.3
　（大家精要：典藏版 / 郭齐勇，周晓亮主编）
　ISBN 978-7-5695-4245-5

　Ⅰ . ①简… Ⅱ . ①赵… Ⅲ . ①魏徵（580-643）—
人物研究　Ⅳ . ① K827=42

中国国家版本馆 CIP 数据核字（2024）第 028390 号

简读魏徵

JIAN DU WEI ZHENG

赵望秦　著

出 版 人　刘东风
策划编辑　刘　定　陈柳冬雪
责任编辑　王淑燕
责任校对　彭　燕
封面设计　龚心宇　张潇伊
出版发行　陕西师范大学出版总社
　　　　　（西安市长安南路 199 号　邮编 710062）
网　　址　http://www.snupg.com
印　　刷　深圳市福圣印刷有限公司
开　　本　889 mm×1194 mm　1/32
印　　张　6.25
插　　页　4
字　　数　114 千
版　　次　2025 年 3 月第 1 版
印　　次　2025 年 3 月第 1 次印刷
书　　号　ISBN 978-7-5695-4245-5
定　　价　49.00 元

目 录

第1章

平凡的前半生

不易确定的家庭住址

在中国古代以宰相的尊贵身份、正直臣子的美名而载入史册的人当中，却至今还弄不清其人的确切籍贯，而前半生活动也是不清不楚的，可举出唐初人魏徵作为典型代表了。流传到今天的记载魏徵生平事迹的有关文献资料，虽不是很丰富，但也不太少，仅就他的籍贯有好几种说法这一点来看，确实不能算是少。在魏徵研究中出现各说各话不能形成共识和定论的现象，就因为这些观点和主张都是有文献依据的。而这些文献记载，同样是有根据的。

其实，只要了解一下古代社会生活，就不难发现这是一种普遍性的现象，尤其对于那些属于上层社会的人物。生活在古代社会中的人们，长期以来即以不同的社会分工而被分为士、农、工、商几大类型，其中的士、工、商之类人的生活状况多是流动性的，只有人数最多的农民被牢牢地束缚在所耕种的土地上。但一遇上社会大动荡，或是由于农民起义，或是由于异族入侵，或是由于军阀混战，或是由于自然灾害，就会产生全社会的大逃亡、大迁徙情景。而这种因逃亡迁徙所带来的人口流动和移居，在几千年的古代社会中又是经常发生的。不过，造成离乡背井而迁居他处的因素主要在客观方面，即为现实生活所需或所迫。所以，在主观感情上，人们还是十分留恋故土的。这是由于古人具有特别强烈的敬祖观念，认为祖先的一切都好，不可轻易遗弃，自然也包括祖居地。所以，即使是出于各种原因离开祖居地而定居他乡已经好几代的人，还要声称祖居地为其籍贯。

魏晋南北朝人讲究门阀，隋唐人讲究郡望，就都是这个原因。而要讲门阀，讲郡望，首先要讲的是名人祖宗，并且日益形成一种坏风气，即有名人祖宗可讲也就罢了，一旦没有名人祖宗，就想办法假托甚至伪造一个名人祖宗而加以追攀。因此，唐代著名史学家刘知几曾在《史通·邑里篇》中举例指出：姓袁的一定要说是陈郡人，姓刘的一定要说是彭城人，姓杜的一定要说是京兆人，姓魏的一定要说是钜鹿人。风气所及，以至于影响到唐传奇小说中人物的籍贯，正如陈寅恪先生所说的"谬托高门"，即虚构世家大姓的祖居地而为其籍贯。如《莺莺传》中的崔莺莺出于博陵崔氏，张生出于清河张氏，郑老太太出于荥阳郑氏；《柳毅传》中的柳毅先娶清河张氏，再娶昌黎韩氏，全是名门望族，她们相继亡故后，曾被柳毅所救的龙女要嫁柳毅时也化身为范阳卢氏，还是名门；而《李娃传》中，干脆就用"荥阳"这个郡望来代指郑氏父子了。如此等等，不一而足，故唐人凡涉及三代以上的世系，大多不可信。这样一来，不同的文献对同一人物籍贯的记载就会有所不同，有的记其真实的祖居地，有的记其假托的祖居地，也有的记其迁居地或实居地，还有的记其出生地。另外一些文献上，既说是这里的人，又说是那里的人，同时并举两个或三个籍贯。于是让后代读者看到的往往是同一个人似乎有好几个籍贯的怪现象。

这种现象对于生活在那个时代的魏徵及其同族人来说，也不能例外。仔细看看魏徵父亲魏长贤在《北史》卷五六中的传记，再结合《全唐文》卷七四一《魏公先庙碑》、《元和姓纂》卷八"魏氏"、《新唐书》卷七二中《宰相世系表》对魏徵祖先世系的记述，就可以明白魏徵的籍贯为什么会有这么多：有说是钜鹿曲城人的，有说是魏州曲城人的，有说是相州内黄（今河南内黄西）人的，有说是馆陶（今河北馆陶）人的。据当代学者考证，所谓曲城，就是下曲阳城，在今河北晋州一带。原来魏氏的始祖出于西周王室姬氏，过了不知多少代，被春秋时的晋国君主封于魏，在今山西境内。又不知过了多少代，有个叫魏韵的，在西汉时做钜鹿郡太守，于是定居钜鹿下曲阳。再经若干代，又产生了所谓的东祖魏俦，西祖魏植，而魏植定居于馆陶，魏徵就出于西祖一系。这样的世系，能有多少可信度。虽然到了魏徵的曾祖父魏钊、祖父魏彦、父亲魏长贤这几代的可信度高一些，但他们或在各地做官，或外出求学，何况又正处于北魏、东魏、北齐、北周政权更替像走马灯似的动荡年代，东奔的西走的，居住难于稳定。那么，在这种境遇里，魏徵本人究竟生于何地，长于何地，现存文献没有具体的记载，就很难说得清了。而且，在留传至今的魏徵所写的文章中，都没有回忆其个人往事的内容，从而也缺少了让研究者作出合理判断的凭据。好在所说的那几个籍贯的具体地点，除了内黄是在今河北省与河南省的交界处外，其他都在今河北的南部。魏徵生前曾封爵钜鹿县男、钜鹿郡公，死后又追赠相州都督，两地正属于唐代河北道南部辖地，都在今河北南部及与河南交界的地方。因此，综合这两点来说明魏徵是河北南部人，应该是可信的。

难以详知的少小生活

魏徵出生于北周静帝大象二年（580）。他的青少年时期，史书上只有几句笼统的表述，没有具体的事迹，说是少年丧父，无所依靠，尽管穷困失意，却显示出在政治上要有所作为、在社会上要出人头地的大志向，所以不操心生计，不经营土地，只是勤奋读书，而且还读得又多又杂，不局限于某一类书。看到隋代社会逐渐出现乱象，就特别对纵横之术、游说之辞下功夫研习，又曾假意出家做了装神弄鬼的道士。魏徵在《述怀》一诗中有这样几句表白："中原初逐鹿，投笔事戎轩。纵横计不就，慷慨志犹存。"又创作过一篇咏物言志的《道观内柏树赋》。据此看来，魏徵似乎真的学过纵横之术，当过道士。魏徵后来在隋末唐初或作为谋士献策的精妙，或作为说客劝降的成功，以及在贞观年间表现出的进谏技巧的高超，都能够说明他在这一时期钻研纵横之术、掌握游说之辞是有心得的。在明清人创作的隋唐系列通俗小说中，魏徵被戏称为"牛鼻子道人"，多有奇妙策略，多能掐算神计，其故事大概即据这点生活经历虚构的。

但是，话又说回来，史书上对魏徵这一段生活的语焉不详的介绍，仍有让人困惑、令人费解的地方存在。魏徵出生仅一年后，隋文帝在开皇元年（581）就篡夺了北周政权，建立隋朝。又过了九年，在开皇九年灭了南方的陈朝，统一全国。这以后的二十年间，直至隋炀帝的前期，隋朝的发展蒸蒸日上，全面强盛，远远超过以前的任何王朝。即使到了唐朝建立后二十多年，魏徵还在用当年隋朝之强与今日唐朝之弱作对比来说事。尽管在统治阶级内部发生过一些残酷的政治斗争，但并不影响隋朝的强大和繁荣。在炀帝大业八年（612）至十年间连续发动三次征讨高丽国战争、发生杨玄感起兵和农民武装起义之前，谁也没有先见之明去预判强盛的隋王朝会乱会亡。如果现存历史文献中有这种预判的记载，那只能说是事后的附会罢了。

到了大业七年，魏徵已三十三岁，过了古人所说的而立之年。史书上说魏徵自小就"有大志"，为此而连家中的生活也顾不上，可都到了这个年龄，还不见有所作为。在儒家学说中，有对成功人士的评判标准，就是所谓的"三立"：立德、立功、立言。"立德"嘛，任何一个人在任何时候、任何地方和任何情况下都能做，无须客观条件，只需主观努力即可，所以，魏徵是贫是富、有官无官都能做到这一点。至于"立言"嘛，现存历史文献没有见说他自小立志要"著书立说"，建立一套理论体系，达到"成一家之言"的目的。后来他主持编撰五部纪传体史书，以及主编其他图书，那也只是事有凑巧，职责所在，并非原来就有什么宏伟计划。倒是他的祖父和伯父都曾"思树不朽之业""勒成一家之典"，想要编写一部崭新的《晋书》，可惜始终未成。那么，就剩下"立功"了。古人要立功，离开政治舞台是不成的。要立功，就得从政，才能将自己的政治理想通过实际作为而加以实施，予以展示，得以实现。隋朝在选拔行政人才上有一影响深远的创举，就是废除九品中正的察举制，建立分科考试的科举制。但无论是察举制，还是科举制，魏徵都是有条件有能力应付的。察举制是依靠选拔的对象在本地所具有的或实或虚的名声，即主要在于世家大族的人情关系和具有历代为官背景的人脉。魏徵的家族在河北地区势力很强，影响很大，祖辈又是世代做官的。正是利用了这一点，魏徵才能在隋末唐初政治风云诡谲变幻的那段时间，几次出使河北地区都顺利完成使命。科举制是依靠选拔的对象在读书才能上的优异表现。魏徵喜欢读书，读得又多又好，文章也写得漂亮。读一读魏徵的现存作品，可以确认他是一个很有文才的人。可他为什么在几十年间都不利用自身的条件，发挥自身的能力，不去积极作为，不追求一官半职？这怎么实现人生理想和政治抱负呢？岂不是把"有大志"变成了一句空话，而仅仅停留在梦想之中吗？难道魏徵有未卜先知的特异功能，早就料知自己的时来运转要等到腥风血雨似的政权更替之后？实难解，不可解！

《旧唐书·魏徵传》上说魏徵"出家为道士"在先，后来"见天下渐乱"，这才把注意力集中在"纵横之说"上。看来，魏徵学习纵横之术，也只是临时抱佛脚，是三十多岁以后的事。可见他并没有先见之明，早早学习、掌握纵横之术，等待着中原逐鹿之时好好使用。《新唐书·魏徵传》却说魏徵"通贯书术"在先，"隋乱，诡为道士"在后。这好像是说魏徵在早做准备早有打算，而以道士身份为幌子，使用障眼法，观察风向，伺机而动。总之魏徵青少年时期的生活，甚至青壮年时期的生活，就是这样没什么具体事迹可说的。

出山前的静观其变

在古代，上至皇室宗亲、达官贵人的大家族，下至一般百姓的小家庭，取得了继承权的继承人都是天生的幸运儿，按照天下公认的传统法则办事，古人称为"立嫡立长"。凡男主人与原配妻子所生的第一个儿子，就是法定继承者和掌管一切权利者。隋文帝杨坚和独孤皇后所生的长子叫杨勇，次子是杨广。在杨坚登上皇帝宝座之后，自然是立杨勇为太子了。但杨广并不甘心，千方百计地巧饰自己，装样子给人看，通过大玩欺骗手段，终于达到了博取父母欢心和信任的目的，使杨坚做出了有违封建礼法的举动，即废除太子杨勇另立杨广。而杨广多年处在假装和压抑的生活状态中，势必会形成一定的扭曲心理。一旦正式登上皇位，大权在握，无须再戴着面具生活，他便侈心大泄，尽情释放，就像突然打开闸门后的洪水冲荡而出，一发而不可遏止。在隋炀帝当皇帝的十多年间，几乎年年都有大动作，修建宫殿，开凿运河，巡游四方，大办娱乐活动，发动对外战争，从没有消停过。后人研究隋朝由盛转衰而至灭亡，大都认为是由于炀帝的吃喝游玩无度而造成的。其实，这些因素对隋朝的统治虽有一定的破坏性影响，但并不能从根本上动摇隋朝政权的统治基础。从根本上对隋朝统治基础产生巨大冲击力而使其轰然垮塌的最主要原因是军费开支过于庞大，使得上至国家下至个人都不堪重负。

自北魏开始实行均田制，与这种经济基础相配套，在军事制度上实行"兵农合一"的府兵制。凡是适龄的男丁都有义务服兵役，农忙时在家务农，农闲时召集训练，遇战事便参军出征，战事一结束，又解散回乡务农。由于国家所分配的土地当中，已包含了将土地收益的一部分用作购置战斗装备，所以，每当出征前，应召的兵丁都要为自己准备好作战时用的军需品，这就得自家花钱购买了。从北朝以后，野战部队中的骑兵比例越来越高，发展到唐代，凡野战部队都是骑兵。正如同北朝民歌《木兰辞》所唱的那样：当木兰要代父从军时，"东市买骏马，西市买鞍鞯，南市买辔头，北市买长鞭"。就是这种情景的形象化描写。对于小农家庭来说，整个作战装备要买齐全，是一笔很大的开支。而古代的交通不便，运输手段更落后，因此要将百万大军的给养运送到遥远的前线，至少得征集比军队人数多好几倍的民夫来承担，再加上民夫本身的给养，这是一笔非常大的财政支出。如在大业七年（611），为第一次征讨高丽国做准备，仅在山东半岛的海口开工建造的大船就有三百艘，河南、淮南、江南制造运送军需的兵车多达五万辆。为输送军需品，朝廷强迫民间又是养作战马匹，又是出人力苦役，仅是专门推小车的民夫就要用六十多万，两人合推粮食三石，道路遥远艰险，又要自食，又有耗损，等运到军队大本营，已不剩多少了。第二年出征时，据《隋书·炀帝本纪下》记载："总一百一十三万三千八百，号二百万，其馈运者倍之。"从这一组远不够全面的简略数据，就可想见隋代社会由上至下，会消耗多大的财力，损失多大的人力！结果又是怎么样？是隋军大败而归，损失惨重，仅据《资治通鉴》卷一八一隋炀帝大业八年所记载的简单数字即可明白："初，九军度辽，凡三十万五千，及还至辽东城，唯二千七百人，资储器械巨万计，失亡荡尽。"

仅此一役，就已使得上至国家，下至个体，元气大伤。如果不及时调整修养，恢复活力，势必会导致国破家亡。但已贵为皇帝的炀帝是一个长期受压抑的心理扭曲者，侈心膨胀，似乎要把自认为失去的一切成倍地找回来作补偿，因此往往会丧失理智地说一些话和做一些事，一切都按照个人的意志办。大业五年，"以才学有盛名"的薛道衡写了一篇《高祖文皇帝颂》，"自负才学"而不想让任何人超过自己的炀帝读后，认为这是在借颂扬文帝来贬低自己，并把过去的事也扯出来，说自己年轻时和薛道衡一起率领大军征伐陈朝，他就"轻我童稚"。于是随便给安个罪名将薛道衡害死了，还洋洋得意地对人说：看你能不能再写出"空梁落燕泥"的精妙诗句！大业九年，著名文人王胄因受杨玄感起兵的牵连而被处死，炀帝阅读王胄所写"庭草无人随意绿"的"佳句"后说：还能作这样的诗歌吗！有一次，炀帝对亲近的臣子说："我性不喜人谏。"因为这一点，于是在不吸取前两次大败的教训而变本加厉、固执地要进行第三次对高丽国作战而征求臣下意见时，便出现了这样的尴尬场面：大业十年，"二月辛未，诏百僚议伐高丽，数日无敢言者"。炀帝还要继续讨伐的理由，就是被一种自认为他国对自己藐视的不正常心理所驱使，一意孤行，这在随后颁布的诏书里说得很清楚："朕纂成宝业,君临天下,日月所照,风雨所沾,孰非我臣,独隔声教。蕞尔高丽,僻居荒表,鸱张狼噬,侮慢不恭……此而可忍,孰不可容!"根本不能也不愿去面对现实,于是做出疯狂举动,连喘口气的机会都不给天下百姓,又连续发动对高丽国的更大规模的征伐,结果是招致更大程度的损伤。

其实,早在大业七年第一次为对外战争作人力财力的动员和准备时,就已引起天下人心的不稳。据《隋书·炀帝纪上》所载:"于时辽东战士及馈运者填咽于道,昼夜不绝,苦役者始为群盗。"在兵士、民夫中开始有逃亡的现象。据《资治通鉴》卷一八一隋炀帝大业七年记载:邹平县(今山东邹平)的百姓有个叫王薄的,便借机编造《无向辽东浪死歌》,到处传唱,"以相感动,避征役者多往归之"。于是带头聚集在长白山(在邹平县南),进行武装反抗。随后,在今山东、河北交界地区,当地一些属于社会下层的土豪、游民、小吏等身份的人,也出面召集流民组成武装团伙,出入山林水泊之中。等到第二年攻打高丽国的隋军败回而又要再次攻打时,被官方征集的士兵、民夫就开始大量逃亡。这些逃亡者大多是青壮年,且有一定的军事素质,为了求得生存,自然容易铤而走险,胆大敢为的人只要愿意出头振臂高呼,就很容易拉起一干人马,组织一支队伍,与官府进行对抗。于是最初从山东、河北交界处烧起的农民武装反抗隋朝暴政之火，如同燎原之势，很快就蔓延开了。到大业十三年，仅几年时间，就已烧遍天下，无法扑灭了。

出山后的数易其主

这个时候，魏徵就生活在这个地区。而面对这样的形势，魏徵似乎无动于衷，一直没有什么动静。魏徵为什么要静观其变呢？难道是向隋王朝表忠诚的吗？从他后来的行为看，应该不是。

隋炀帝大业十三年（617）九月，担任武阳郡（今河北大名一带）丞的元宝藏也趁机起事，归顺当时最强的军事集团之一的李密，同时要招魏徵做幕僚，"使典书记"，就是当掌管文案的机要秘书，为元宝藏起草公文、书信等文件。而魏徵一招就到，愉快受邀。李密每看到魏徵为元宝藏所写的文书，都感觉很好，大加赞赏。等知道这些文书是出自魏徵之手，"速使召之"，而魏徵也欣然从之，又成为李密的机要秘书。后来，在李密与王世充作战失败而投奔关中的唐高祖李渊时，魏徵也毫不犹豫地随之前往。元宝藏是北魏皇室的后代，李密和李渊都是自西魏就建起的所谓"八柱国"的大贵族的后代。由此看来，魏徵的没有及时出山，并不是要死心塌地地忠于隋王朝，而是根深蒂固的封建地主阶级意识在左右着他的行为。其实，他也认为隋炀帝的暴政不得人心，应该有新的王朝取而代之。但他对由什么样的人来建立新王朝，显然是有鲜明的阶级倾向性的，那就是出身于社会下层的任何人都不行。这从魏徵后来作为唐朝臣子而主持编撰的《隋书》内容中就可以看得很清楚：书中凡涉及农民武装反隋的人和事，必在其首领姓名前标上"贼""贼帅"等醒目的词语，或在其首领所做之事后缀上"为盗""作乱"等醒目的词语，无一例外。而他本人先后效力过的元宝藏、李密、李渊及李世民等，都是社会上层人物，有崇高的地位，有尊贵的身份。在魏徵看来，他们都和自己属于同一阶级，由他们中的任何人取代旧政权，建立新王朝，都是可以的，而自己服务于任何一个这样的新君主也都是可以的。他们在以武力推翻隋朝的统治这一点上，与农民武装所作所为的性质完全一样，都属于"十恶不赦"中首条之罪——造反，但在魏徵主持编撰的《隋书》中却无一贬斥之语，皆为合理合法。对这一点，如果比较一下魏徵对两个人、两件事的不同态度，就可以看得更清楚了。

魏徵在李密手下担任文秘之职的一年多时间里，从未被重用过，当李密投唐又叛唐而被杀后，他为李密写了一篇《唐故邢国公李密墓志铭》，看看是怎么说的："公讳密，字玄邃，陇西成纪人。自种德降祉，弘道垂风，导碧海之长澜，竦阆峰之遥构。家传余庆，明哲继轨，论文德则弼谐舜禹，语武功则经纶秦汉。……公渥洼龙种，丹穴凤雏，降列象之元精，禀成形之秀气，云生五色，一日千里。"出身之不凡，天生之优秀，对李密的这番吹嘘，颇有肉麻之感。又说："有隋二世，肆虐黔首，三象雾塞，五岳尘飞。妖灾所臻，匪唯血落星陨；怨读所动，宁止石言鬼哭。辙迹遍于天下，徭戍穷于海外，冤魂塞宇宙，白骨蔽原野。坟垄发掘，城郭丘墟，万里萧条，人烟断绝。"造反有理，对李密将要反隋的正当性，在这里先予以夸张性的铺垫。又说："公与楚公协契，共拯横流，未息溟海之波，几及昆冈之火。亡自道中，窜身草泽，奋臂大呼，群雄响起。豹变梁楚，凤翔巩洛，据敖庾而塞轘辕，登太行而临白马。九服诸侯，四方豪杰，或跨州连郡，或称帝图王，合纵缔交，争亡秦族者，莫不驱兹青犊，背彼黑山。击长毂以雷奔，望高旗而电集，不期而会者，以百千数。遂大开幕府，肇启霸图，敷七德以宣威，掩八纮而取俊。……世充甚昆阳之败，炀帝同望夷之祸，化及师歼于黎阳，建德稽颡于河朔。七国之地，四为我有，五都之所，三在域中……属人神乏主，以天下为己任，荒裔仁来苏之望，遗黎有息肩之所。"在这里，围绕着李密写了好几件事，多涉及隋末反抗炀帝暴政和群雄企图取而代之。其中，特别突出李密在反隋斗争中的作用，以闪烁之辞隐指其对唐政权的建立具有开先河、得先机之功，为此而不惜歪曲史实。所谓"楚公"，即指隋朝权相杨素之子杨玄感。大业九年（613），乘炀帝发动第二次对高丽国的战争而引起民怨沸腾之机，杨玄感和李密这两个政治野心家一拍即合，以铲除暴政、拯救百姓为借口，起兵反隋，却被魏徵说成是首举义旗。其实，早在几年以前，山东、河北地区的农民武装就高举义旗了。而到了这个时候，反隋的义旗已是插满天下，李密和杨玄感只是趁势投机一搏而已。在隋军的镇压下，仅三个月，杨玄感就战败被杀，而李密被活捉后，使诈逃脱，东藏西躲，到处流窜。最后，迫不得已投靠瓦岗军首领翟让，又使奸杀害翟让，从而窃取了瓦岗军的领导权。但在魏徵的笔下，反而成了因李密的"奋臂大呼"，"群雄"才纷纷响应而起兵。当时也妄想做皇帝而指使人杀害炀帝的宇文化及是被窦建德打败的，窦建德是被唐军打败的，打败李密而逼使其投唐的王世充也是被唐军打败的，但经魏徵含糊其词地一写，打败这些人，都属李密之功，可谓颠倒黑白，混淆是非。如果说这是由于魏徵念故主之情而刻意对李密的虚饰回护，好像还说得过去，但从魏徵与李密相处一年多的实际情况看，他们二人并没有多深的交情。魏徵刚到李密手下做事，就进献了十条计谋策略，结果却是李密

016

"虽奇之而不能用"。当李密与王世充对峙时，王世充军正缺粮，利于速战速决，针对这种情况，魏徵想通过李密的参谋长郑颋向李密提出自己的"奇谋深策"："深沟高垒，旷日持久，不过旬月，敌人粮尽，可不战而退，追而击之，取胜之道。"却被郑颋鄙视为"老生常谈"。在李密势力最强盛而准备最后一击取天下时，发出了洋洋洒洒三千字的长篇檄文，布告天下。这么重要的文书，却是"祖君彦之辞"，而非出自魏徵之手。综合起来看，魏徵在李密手下时的境遇，始终只是个小秘书的角色，连个大秘书的身份和地位都没混上。可见，魏徵对李密的虚假溢美，显然是出于阶级感情。这与魏徵对那位也曾是故主的窦建德的态度一比较，就可看得更清楚了。

窦建德是最早反隋的农民军首领之一，经过几年的发展，势力逐渐壮大，至唐高祖李渊武德二年（619），也学其他军阀的样，建立夏国，自称夏王。在一举消灭宇文化及后，又顺势于当年十月打败李渊的堂弟淮安王李神通率领的唐军，并攻破唐军总管李勣镇守的黎阳城（在今河南浚县），基本占据了河北、山东等广大地区，从而在北方与关中的李渊、洛阳的王世充形成三足鼎立之势。李勣原名徐世勣，先因李渊赐国姓而改为姓李，后因避唐太宗李世民名讳而改为单名勣。据《旧唐书·窦建德传》记载，窦建德能做到以"宽厚"待人，"初，群盗得隋官及山东士子皆杀之，唯建德每获士人，必加恩遇"。而且，"建德每平城破阵，所得资财，并散赏诸将，一无所取"。在打败宇文化及之后，"得宫人以千数，并有容色，应时放散。得隋文武官及骁果尚且一万，亦放散，听其所去。……其有欲往关中及东都者亦恣听之，仍给其衣粮，以兵援之，送出其境"。在打败唐军并活捉了李勣、李神通及李渊的妹妹同安长公主后，很是厚待他们，既委任李勣统领旧部守在黎阳，又把李神通、同安长公主安置在宾馆，以礼相待。第二年正月，李勣丢下他的父亲徐盖逃到长安，当窦建德手下的法官请求依照刑法处死徐盖时，"建德曰：'勣本唐臣，为我所虏，不忘其主，逃还本朝，此忠臣也，其父何罪！'竟不诛"。等到李渊派人与窦建德联系而结盟后，他就立刻送回同安长公主等人。当时，魏徵奉李渊之命出关招抚李密旧部，任务完成得很顺利，但还没来得及回朝复命，就在黎阳一并做了窦建德的俘虏。如同其他俘虏一样，魏徵也得到了优待，被窦建德任命为夏国的起居舍人。在隋、唐时期，起居舍人是朝廷的中级官员，级别为副六品，虽不算高，但因要随时随地记录君主的言行，并负责整理诏令等重要文书，所以，总是围绕着君主转，经常相见。这样有一年半的时间，不算很短，应该说，窦建德对待魏徵，不只是礼遇，可说是恩遇了。但到了武德四年（621）五月，窦建德被秦王李世民率领的唐军俘获，十月，押至京城长安，立即"斩于长安市"。这个时候，魏徵与窦建德的夏国宰相齐善行、裴矩等降唐而到达长安的人，不但没有论罪处罚，还都被任命了新的官职。而且，同时被俘的王世充也只是被流放，没有斩杀。其中，魏徵被授予太子李建成东宫的太子洗马之职。唐朝廷这种截然不同的做法，显然与窦建德出身农民阶级而其他人出身贵族士大夫家庭有关。魏徵在李密叛唐被杀后，仍然为之溢美，以及在太子李建成被秦王李世民偷袭杀害，到贞观二年（628）以礼改葬时，还向李世民上表沉痛地陈述自己与李建成曾有故主情谊，请求陪送到墓地。由此来看，魏徵不是一个忘恩负义、不念旧情的人。但为什么在窦建德要被处死的时候，魏徵及包括受过窦建德礼遇的李勣、李神通、同安长公主等人，未吭一声，不管成与不成，都没出面求情？应该说，这不是魏徵的个人道德问题，而是阶级感情问题。也就是说，虽然窦建德、李密、李建成对魏徵都有故主的名分，但魏徵对窦建德并没有丝毫的阶级认同感，而对李密、李建成却都有着深厚的阶级认同感，使得魏徵对他们表现出截然不同的态度，这和唐朝封建统治阶级利益的总代表李渊、李世民态度是完全一样的。说得更具体点，就是魏徵认为逐鹿中原、夺取皇权、改朝换代的事情，可以由上层社会的人去做，而社会下层的人绝不能做。

功败垂成的第一次出关

唐高祖武德元年（618）十月，魏徵随李密入关降唐，人已在京城长安，仅隔数月，怎么又会置身于千里之外的黎阳而做了窦建德的俘虏呢？这还得从魏徵在隋末群雄逐鹿中原的几年间怀才不遇说起。

魏徵非行伍出身，不懂军事，不会带兵打仗，而在天下混战的乱世，想走这样一条发展之路，自然难通。就想着通过学纵横之术，习游说之技，练成巧舌如簧的本领，然后奔走于各军事集团之间，以高级军师的身份出谋划策，一展壮志，建立功业。可没想到，不管是在元宝藏那里，还是在李密手下，都只是被当作笔杆子使用，原来理想中的政治抱负，难得实现。谁承想，等进入长安城，换了新主子后，受到的还是冷遇。《旧唐书·魏徵传》说是"至京师，久不见知"。《新唐书·魏徵传》也说是"来京师，久之未知名"。为什么会这样呢？其实，原因不难理解。李渊从太原到长安，已经营多年，朝中文武之臣齐备，手下贤能之才如云，尤其是都经过了多年的考验，完全信得过。对于魏徵这个初来乍到的关东人，不可能很快就信任的，需要有一个较长的考察过程。

　　自北魏分裂为统治地理概念上的崤关或潼关以东地区的东魏政权，和统治崤关或潼关以西的西魏政权以来，历经北齐、北周、隋，直到唐初，关东人或谓山东人与关西人互不信任，互不服气，互不为用，至少在思想意识上，已成为一种常态了。如《旧唐书·韦云起传》记载："大业初，改为通事谒者，又上疏奏曰：'今朝廷之内多山东人，而自作门户，更相剡荐，附下罔上，共为朋党。不抑其端，必倾朝政，臣所以痛心扼腕，不能默已。谨件朋党人姓名及奸状如左。'炀帝令大理推究，于是左丞郎蔚之、司隶别驾郎楚之并坐朋党，配流漫头赤水，余免官者九人。"韦云起为"雍州万年（**今陕西西安东**）人"，属于关西大族。在传统的地理概念上，所谓"山东"，与"关东"为同义语。广义上的"山东"是指华山或崤山以东地区，狭义上的"山东"是指今山东河北两地。又如隋末杨玄感起兵后，李密为他出主意，建议不顾一切地尽快进军关西，先拿下京城，既可以占领关中的有利地盘，巩固好牢靠的大后方，又可依据政治中心的京城以号令天下，进能攻，退能守。这是一条很好的计策。但后来到了李密自己统领瓦岗军时，也有人建议尽快西入关中，占据京城，李密也承认这确实是个好主意，却又说不能去实行。理由是什么呢？《旧唐书·李密传》上有这样的对话："柴孝和说〔李〕密曰：'秦地阻山带河，西楚背之而亡，汉高都之而霸。如愚意者，令〔裴〕仁基守回洛，翟让守洛口，明公亲简精锐，西袭长安，百姓孰不郊迎，必当有征无战。既克京邑，业固兵强，方更长驱崤函，扫荡东洛，传檄指挥，天下可定。但今英雄竞起，实恐他人我先，一朝失之，噬脐何及！'〔李〕密曰：'君之所图，仆亦思之久矣，诚乃上策。但昏主尚存，从兵犹众，我之所部，并是山东人，既见未下洛阳，何肯相随西入？'"原因很简单，就是关东人不愿去关西，是无可奈何的事。

即使在唐代贞观年间，天下早已统一，统治也已牢固，比较开明的太宗还时不时有意无意地流露出一些关西人如何如何、关东人如何如何的情感倾向。如《旧唐书·张行成传》记载："太宗尝言及山东、关中人，意有同异，〔张〕行成正侍宴，跪而奏曰：'臣闻天子以四海为家，不当以东、西为限；若如是，则示人以隘狭。'太宗善其言。"张行成为"定州义丰（今河北安国）人"，属于山东大族。又如在太宗与大臣之间曾发生过因天下大家族姓氏排序先后而产生争执的有名事件，记载在《旧唐书·高士廉传》上。高士廉是渤海蓚（今河北、山东交界处的景县）人，北齐皇室的后裔，为太宗皇后长孙氏的舅舅，因熟知传统大家族的世系族谱，太宗便命他主持《氏族志》一书的编撰。等到高士廉"类其等第以进",太宗一看,其中把山东地区的天下大家族姓氏仍旧排列在前,惹得他大不高兴,当着大臣的面发了一通议论:"我与山东崔、卢、李、郑,旧既无嫌,为其世代衰微,全无冠盖,犹自云士大夫,婚姻之间,则多邀钱币。才识凡下,而偃仰自高,贩鬻松槚,依托富贵。我不解人间何为重之?……我平定四海,天下一家,凡在朝士,皆功效显著,或忠孝可称,或学艺通博,所以擢用。见居三品以上,欲共衰代旧门为亲,纵多输钱帛,犹被偃仰。我今特定族姓者,欲崇重今朝冠冕,何因崔幹犹为第一等?……卿等不贵我官爵耶?不须论数世以前,止取今日官爵高下作等级。"于是,高士廉重新编撰此书,"以崔幹为第三等"。太宗所说的"山东崔、卢、李、郑"之"李",是指河北赞皇的李姓旧家族,而非唐朝皇帝自称为陇西人的关西李姓家族。凡此种种,都可看出当时以关陇为本位的李氏统治集团对山东人还存在着一定的不信任感。不过,在武德、贞观年间,朝中大臣也有一些是山东人,但都是通过了考验而可信任的。如李勣原"本姓徐氏",为曹州离狐(今山东菏泽西北)人,隋朝末年,移居滑州卫南(今河南滑县东北),是地头蛇式的人物,在当地势力很大,但因冒着其父可能会被窦建德加害的风险,独自逃到京城长安,取得了李渊的信任,所以才会"赐姓李氏",和皇帝一样的所谓国姓。

那么，魏徵本可以继续留在京城，耐心等待，通过一段时间的考验，争取受到信任和赏识。可他没有这样做，而是迫不及待地要离开京城，向朝廷打报告，"自请安辑山东"。为什么呢？原因很简单，这一年，魏徵已经三十九岁，眼看就到不惑之年，一点功业未建，时不我待，机不可失，如果再等下去，小时候的"大志"，就要落空了。于是想凭借已学到手的纵横之术，不妨试着出关一搏，利用自己家族在河北地区的影响力，通过游说招抚那些李密旧部归唐，倒是一种较快捷的立功途径，一旦成功，必是一件大大的功劳。李渊批准了他的请求，并授予秘书丞之职，作为代表朝廷出使的身份。不过，秘书丞仅是一个副五品级别的中级官员，没有什么权威性，充其量可算作朝廷派遣的一般使者，而非皇帝的钦差大臣。这可以由《册府元龟》上的两条有关资料来证明，而这是至今为止很少被研究魏徵的学人所注意的。《册府元龟·帝王部·纳降》记载："〔武德〕二年（619）正月景（丙）寅……我行人魏徵说李密所署魏州总管元宝藏执宇文化及将军於士澄，以魏州来降。"这部书还在《帝王部·招怀》中说："元宝藏据有魏郡，会行人魏徵说下宝藏。"所谓"行人"，就是"使者"的意思。由此可见，魏徵这次的自我请命是带有很大冒险性的。而李渊君臣等也只是抱着姑且一试的态度，成功了当然好，不成功也不是什么了不得的事，并没有将其当作重大使命看待。所以，委派魏徵出使时，就未给予高等级的身份、特显赫的名头。那么，魏徵想要完成使命，只能指望临场发挥个人的本领了。

当魏徵风尘仆仆地走到潼关时，不由得想起从前在这里发生过的一个有趣的故事，于是感慨万分，即兴吟诗，言志抒情。据《汉书·终军传》记载，济南人终军从小好学有才，十八岁时，就被挑选为博士弟子。当他进京过关时，有位负责把守关口的官员给了一张通行证让终军带上。他询问这是做什么用的，那个官员说，下次出关时，要凭这个来验明身份的。终军却说：大丈夫西去入京，求取功名，再返回时，就不会用上这个了。于是扔下通行证，扬长而去。他到达京城，上书言事，果然受到汉武帝的赏识，授予高官。后又派遣终军巡视考察各地的官吏及民情，当他带着可以表明是皇帝使者的朝廷仪仗队而东出关时，那个官员还认得，说："这位使者就是先前扔掉通行证的书生。"魏徵想到这里，自然感觉终军虽是以一个平凡人的身份进关，却是以一个高贵者的身份出关的，而自己是以一个失败者的身份进关，仍以一个不成功者的身份出关。既心情沉痛，又思绪激昂，便在马背上，随着情感的起伏，一会儿高诵几句，一会儿低吟几句，抑扬顿挫地唱出一首诗：

中原初逐鹿，投笔事戎轩。纵横计不就，慷慨志犹存。杖策谒天子，驱马出关门。请缨系南越，凭轼下东藩。郁纡陟高岫，出没望平原。古木鸣寒鸟，空山啼夜猿。既伤千里目，还惊九逝魂。岂不惮艰险？深怀国士恩。季布无二诺，侯嬴重一言。人生感意气，功名谁复论。

在传世文献上，这首诗的题目有两个，一作《述怀》，一作《出关》。因为是即兴作成，不是命题作文，最初很可能没有题目，后人或依据诗的情感内容而拟题为《述怀》，或按照诗的写作地点而拟题为《出关》。当然，也有可能是初稿已有一个诗题，后来经过修改，定稿就变成另外一个诗题，而且又都留传下来了。

从诗的第三句和第四句看，魏徵不仅在书斋里学过纵横之术、游说之技，而且已在社会实践中使用过，但还没取得成功。作为一种可从事政治活动的权谋学说、策略手段，一般是在天下战乱剧烈、政治集团众多的时期能够派上用场，发挥作用。如在战国时期、楚汉之争时期、三国时期，就出现了许多游走于割据政权或军事集团之间的游说型谋士。他们既可速成，立即取得功名，威风八面；又会速败，招来灾星霉运，身败名裂。成功与失败，往往悬于一线，主要取决于是否能正确判断形势和准确把握时机。

这首诗的第八句就写的是一位在短时间内集成功与失败

于一身的说客。秦王朝刚一被推翻，楚霸王项羽和汉王刘邦就又开始相争。刘邦手下有位叫郦食其的说客，自我请命，前往齐国面见齐王田广，经过一番巧弄三寸不烂之舌，细陈祸福利害之理，齐王被打动，听从了建议，倒向了刘邦，于是天天大摆宴席，快乐饮酒，放弃战备。当时，刘邦的大将韩信手下也有一位叫蒯通的说客，针对此事向韩信提出建议，说："郦食其仅凭一张嘴，不费一兵一卒，就使汉王得到齐国七十余城，您率领将士数万，在外攻略数年，还不如一介书生立的功劳大。不如趁这个机会，迅速进兵占领齐国全境，可以建立更大的功劳。"韩信便挥兵进入齐国，齐王听说汉军攻打已经解除戒备的齐军，误以为是郦食其背信弃义，出卖齐国，就把他投进大锅里煮了。也正是这个蒯通说出了那句名言："秦失其鹿，天下共逐之。"这首诗的第一句就由此而来。

如果说这首诗的第八句写的是一个眨眼便立功而转眼又遭殃的失败的游说者郦食其，那么第七句写的就是一个成功的游说者终军。汉武帝时，终军在出使南越国前，发出豪言壮语："只要给我一条长长的绳索，我就可以用绳子勒住南越国王的脖子，牵到京城来。"后来他果然说服南越王归降了汉朝廷。作为使者的魏徵一边吟诗，一边心想，这次出使，自己一定要成为后者，不辱使命。

有志者，事竟成，皇天不负苦心人。魏徵于武德元年（618）十一月离开京城出关，一到黎阳（今河南浚县），就给徐世勣（后来叫作李勣）写了一封劝降信。当时镇守黎阳的徐世勣手握重兵，所占地盘很大，据《旧唐书·李勣传》说："东至于海（指今黄海），南至于江（指今长江），西至汝州（今河南襄城），北至魏郡（今河北大名）。"在劝降信中，魏徵既挑明眼前困局难于摆脱的严峻性，让对方不再抱有幻想，打消侥幸心理，又明白摆出能够解除困局的道理，使对方相信还存在着美好出路的可能性。这封信在分析天下大势上有预见性，在列举利害关系上有逻辑性，在指出个人前途上有说服力。大意是这样说的：自从隋末战乱以来，群雄竞相争夺，其中占据数州之地的势力就有许多。当魏公李密刚一反抗起事，振臂大呼号召，四方如响声回应，万里如大风吹来，人马聚集，多达数十万，威力波及的地方，将近一半天下，在洛口打败王世充，在黎山摧毁宇文化及。正要西进关中，将大旗插到极远的沙漠，放纵战马在渭河饮水，可后来反而使得这支百战百胜的威武雄师，大败于曾被打得四处乱窜的王世充残军。由此看来，帝王宝座，天下人共为仰重，应该是得者得之，天然获得，不可以觊觎，不可存非分之想，不能以一己之力强求。所以，魏公李密看清天下大势所趋，顺应天下人心所向，毫不迟疑地通过函谷关投奔大唐。您生活在天下纷扰战乱的时代，感激知遇之恩，即使处在魏公李密大本营被拔除的艰难境地，还是坚定不移，召集残余人马，替他固守一方地盘。由此使得侥幸反败为胜的王世充大军停止向东攻略，窦建德害怕遭到您的打击而不敢向南扩展。这样一来，您的英明声誉，完全可震动今人，可比美古人。天下有谁做不到好的开始，但考虑做到善始善终的人却没几个，所以，何去何从的把握，是关系安危的大关键。如果选择了适当的君主，连您全家族都会有富贵享受，如果寄托给不当的君主，您就连自己一人也不能保全。不久之前就曾有许多可让人吸取教训的事和人，您是亲眼看见，亲耳听到。即使大力士孟贲犹豫迟疑一下，也会被小小的儿童抢先占得便宜，可见洞察时机是多么微妙，该早上决断的事就不可等到晚上再做。现在，您处在兵家必争之地，适时合宜地尽快抓住良机，要是再迟疑不决，眼睁睁地等着看天下成败，恐怕那些凶恶狡诈之类的人，抢先一步出手，那么，您所想要成就的事业会消失得无影无踪。徐世勣看过信后，心头豁然一亮，果断迅速地以实际行动来表示归顺唐朝廷：一是输送粮食、装备等军需物资给淮安王李神通率领的唐军，而李神通才是当时真正作为李渊的钦差大臣、朝廷的全权代表而承担安抚关东地区的人；二是把统辖区内所有的人口、兵马、仓库财物等，一一清点，全数登记，派人将名册账簿送到长安，奉给朝廷过目备案。如此容易地得到了徐世勣的臣服，李渊大喜，不仅封官加爵，还"赐姓李"。

魏徵仅凭一封信，就首见奇功，当然会信心满满地乘着初尝胜利果实的喜悦，以求连续告捷之功。所以，刚刚转过新年，在武德二年正月，魏徵便马不停蹄地直接赶到控制魏州（今河北大名）的元宝藏住处。元宝藏是魏徵从事政治活动的第一个故主，老熟人了，见面无须寒暄，谈话直奔主题。当时，元宝藏正受到宇文化及的围攻，魏徵便有针对性地经过一番如何避害趋利、转危为安的游说，元宝藏当即表示归顺唐朝廷，并把宇文化及委任的地方官员抓起来，派人押送长安，以证明臣服的诚心。

魏徵此次出使，可说是马到成功，速度之快，效率之高，令人惊叹！这一年，魏徵刚好是不惑之年的四十岁，照此势头发展下去，政治前途，一片光明，高官厚禄，眼见唾手可得，人生辉煌，即将成为现实。但又正应了那句"好事多磨"的俗语，越想要的，越不能轻易得到，魏徵就是这样，眼看着要成功了，转眼间又失败了。

武德二年（619）正月至十月，在近一年时间，魏徵都应该是在跟随唐军行动。如果唐军在与窦建德的夏军作战中获胜，魏徵就又有功劳可记。但偏偏主帅李神通不听从善策良谋，一意孤行，导致全军覆没。据《资治通鉴》卷一八七武德二年十月条记载：黎阳城也被窦建德攻破后，"虏淮安王〔李〕神通、李世勣父〔徐〕盖、魏徵及帝（李渊）妹同安公主。……〔窦〕建德以李世勣为左骁卫将军，使守黎阳……以魏徵为起居舍人。"直至武德四年五月，秦王李世民统帅唐军打败窦建德，魏徵才又回到长安。在现存文献资料中，对魏徵这一年来的具体活动，没有一字一句的记载。《新唐书·高祖纪》上说：武德四年五月，"乙丑，赦山东为〔窦〕建德所诖误者"。所谓"诖误"，原本是贻误、连累的意思。这条赦免令使用这个词，其实是给那些曾被窦建德俘虏而又接受其官职的人留一点面子的掩饰性说法。所以，大概是把魏徵也当作被"诖误"者，朝廷才没有追究他的罪责。只是这么一来，魏徵以使者身份成功游说李勣和元宝藏归顺朝廷而在李渊君臣心里好不容易建立起的一点信任感，又都丧失了。这就是在他回到长安后，朝廷并没有直接授予官职的原因。好在当时的太子李建成和秦王李世民为争夺皇位继承权已开始了暗中较量，各自都在拉拢人才，以扩展自己的势力。魏徵这才被李建成引入东宫，任太子洗马之职。

小试谋略的第二次出关

太子洗马在东宫官职品阶级别为中等的副五品下，"掌四库图籍缮写、刊辑之事"，也就是相当于东宫图书馆馆长的职务。凡遇太子出行，要在前面做引导仪仗队的先驱。作为官职名称，太子洗马的"洗"，读音和意思都和"先后"的"先"相近。看来，魏徵仍是做秘书工作的命。在两《唐书》的魏徵本传中，对魏徵在东宫五年间的政治活动只有两句话，或说是"［魏］徵见太宗勋业日隆，每劝［李］建成早为之所"，或说是"［魏］徵见秦王功高，阴劝太子早为计"。语焉不详，魏徵当时到底说了些什么，谁也不知道。倒是在《旧唐书·李建成传》中有他具体说出了什么样的计谋："王珪、魏徵谓［李］建成曰：'殿下但以地居嫡长，爰践元良，功绩既无可称，仁声又未遐布。而秦王勋业克隆，威震四海，人心所向，殿下何以自安？今［刘］黑闼率破亡之余，众不盈万，加以粮运限绝，疮痍未疗，若大军一临，可不战而擒也。愿请讨之，且以立功，深自封植，因结山东英杰。'［李］建成从其计，遂请讨刘黑闼，擒之而旋。"这段话在《资治通鉴》卷一九〇武德五年十一月条中也有记录，又在同年十二月条中记录魏徵单独说的一段话："魏徵言于太子曰：'前破［刘］黑闼，其将帅皆悬名处死，妻子系房；故齐王之来，虽有诏书赦其党与之罪，皆莫之信。今宜悉解其囚俘，慰谕遣之，则可坐视离散矣！'太子从之。"这些是现在所能看到的文献资料中唯一有关魏徵在长达五年为东官太子洗马时期所说的最重要的话、所做的最重要的事。魏徵为太子李建成出谋划策，是为了保护和捍卫皇位继承人的地位不被人取代，其实，也是为了保护和捍卫自己在未来的政治前途。

皇太子是天然的法定皇位继承人，李渊的嫡长子李建成也不例外。早在隋炀帝大业十三年（617），李渊从太原起兵，一路打到关中，占领京城后，扶持炀帝的儿子代王杨侑为傀儡皇帝。他也因为这样的一种功劳，被"进封唐王"，同时以"［李］建成为唐国世子"，就是王位继承人。到第二年五月，李渊不再装饰门面，就把杨侑赶下台，自己登上宝座做了皇帝，改年号为武德，李建成也被"立为皇太子"，就是皇位继承人。这原本是铁定的事情，只等老皇帝李渊一死，李建成就自然成为新皇帝。但在老皇帝还没死的时候，又发生了与刚刚被推翻的隋朝曾有过的一模一样的事情：围绕着皇位继承权，李建成和李世民兄弟俩之间展开了日益激烈的宫廷内斗。在古代，凡为皇太子，都得留在老皇帝身边，即使有所活动，也要围绕着老皇帝转。这主要是为了预防在突发事件中，老皇帝出了这样或那样的问题时，皇太子可以迅速继位，填补权力真空，稳定政局，不给各种各样的政治野心家留下可乘之机。当然，有时候出现比较紧急的战况，或遇到关系重大的军事行动，皇帝也会亲自披挂上阵，统领大军出征，此时便让皇太子留守京城，并给皇太子指派辅佐大臣，也是为了预防皇帝在前线万一遭遇不测，皇太子可以立即继位，掌控政治中心，不留权力真空。而在封建社会，每一次新老皇帝更替之后，就会出现一种规律性的现象——"一朝天子一朝臣"，继位的新皇帝便重用原来东宫的旧人，而把老皇帝留下的旧臣替换掉，为的是通过这些亲信来牢靠地巩固皇位和控制权力。所以，对于魏徵来说，无论多长时间，只要跟着太子李建成熬到正常继位，就是自己这个东宫旧僚出头的时候。所以，在秦王李世民对太子李建成的继承人地位构成明显的威胁和发出严重的挑战时，魏徵当然要为李建成出主意，既维护着李建成的太子身份，也维护着自己的政治前途。这样一来，他就不能不卷入宫廷内部权力斗争的旋涡里。

早在先秦时期，凡是君主为自己所确立的接班人，一般不做军队统帅，不带兵打仗，这在《左传·鲁闵公二年》就有所谓"君之嗣嫡，不可以帅师"的规定，以后就成为沿袭不变的惯例。所以，隋文帝在派遣大军平定江南的陈国时，不让太子杨勇做统帅，而是让晋王杨广出任统帅。到了唐代初年，唐军常常要出征平定各地群雄所建立的割据政权，不是老二秦王李世民挂帅，就是老四齐王李元吉统军，因为老三卫王李玄霸早早就死了，没赶上人生的好机会。而老大李建成作为皇太子总是留在皇帝李渊的身边，协助守护作为天下政治中心的京城。《旧唐书·隐太子李建成传》说："高祖忧其不闲政术，每令习时事，自非军国大务，悉委决之。"意思是要李建成学习主持日常政务。这样一来，虽在客观上，老二、老三、老四、老五等皇子天生就不具有法定接班人的身份，但在主观上，他们未必愿意安分守己，不动点小心思。一旦有机会带兵打仗，率军出征，就要做拉拢亲信、培植党羽的事，在将士之间联络感情，建立人脉。随着个人势力的扩充，集团利益的形成，政治野心也随着恶性膨胀起来。一旦到了再也不能遏制权力欲望的时候，便会不顾一切地使出各种卑鄙手段，甚至不惜铤而走险，或毁掉或废掉或挤掉合法的太子，非法夺取接班人的位置，达到登上皇帝宝座的目的。即使有个别人不愿使用阴谋手段夺权，而他的政治集团中的死党们也不干，如宋太祖赵匡胤的黄袍加身就是这么来的。隋炀帝杨广属于前一种情况的单一型，不过那次的阴谋夺嫡，还不算很残酷。唐太宗李世民属于前一种情况和后一种情况的混合型，所以，结局非常残酷，不仅直接偷袭杀死太子李建成和齐王李元吉，还差一点搭上老皇帝李渊的命。

从武德元年（618）至武德四年，秦王李世民任唐军统帅，向西灭了薛仁杲，平定陇右（今甘肃地区），向北灭了刘武固、宋金刚，平定并州（今山西地区），向东灭了王世充和窦建德，平定关东（今河南、山东、河北地区）；被李渊封为天策上将，地位在王公大臣之上。这就是前文所引王珪、魏徵对太子李建成所说的那段话的具体情况。于是王、魏二人建议李建成向李渊请命，亲自挂帅出征窦建德的余部刘黑闼，建立武功，巩固太子地位。李渊是个老谋深算的政治人物，早知道儿子们为争权产生了矛盾，但手心手背都是肉，儿子们为创建大唐都立下了汗马功劳，不便于偏向谁，总是想用平衡的办法和调和的态度来处理，力图达到缓和矛盾的目的。因此，本该不是太子做统帅出征的事，可当李建成一提出来，李渊却立即答应了，也正是出于这样的意图。等到了前线，魏徵又向李建成提出采取攻心战术而不要滥杀的策略，效果很好，彻底消灭了刘黑闼。

原来，山东、河北一带是隋末最早起义反隋之地，一开始，隋军镇压时就是滥杀，越杀越造反，最终使隋朝廷对这个地区失去了控制。一直到唐初的十多年间，这一地区是一种各占山头、各树旗帜的群雄角斗局面。但各地各城在拉锯式的混战中，大都是不攻自破，迎风而降，昨天他走了，今天我来了，今天听我的，明天听他的，在当地早已成为一种常态了。唐朝廷对于投降或被活捉的敌人头领，大都采取宽大处理的态度，唯独窦建德被唐军活捉后，被毫不留情地押赴刑场处死，未能以宽大处理来争取其统治过的山东、河北地区的人心。而窦建德却在当地偏偏颇有人气，威望较高，所以，他的那些逃脱的余部大多不服气，一旦有人带头起事，马上就是一片响应声。刘黑闼原是窦建德的部下，逃过唐军的追捕后，不久便在河北召集残部起事，山东的徐圆朗立即响应。于是又得劳神李世民率军前往镇压。李世民似乎很烦这种反复无常的情形，就大开杀戒，使用血腥屠杀的高压策略，企图一劳永逸地解决问题。虽然打得刘黑闼落荒而逃，却更失去了人心。因此，既给了刘黑闼死灰复燃的机会，也给了李建成带兵立功的机会。魏徵是河北南部人，又是最早在这一地区开展政治活动的，所以，很熟悉当地的风土民俗、真情实况。当李建成率领唐军到达前线后，听从了魏徵所建议的改变李世民旧做法而用攻心为上、各个击破的新计策。这一招果然很灵，收到了不滥杀而使人心服、人心服而可少费力的奇效，刘黑闼众叛亲离，在逃亡的路上被部下活捉献给唐军而被就地处死。从此以后，这一地区再未发生大的军事动乱了。

主动陷入宫廷斗争的旋涡

从魏徵的献计献策看，他确实是有谋略、有能力的人，应该可以成为太子李建成得力的谋士和主心骨，但事实上却不是，这令人费解。从武德四年（621）五月至武德九年六月发生玄武门之变，魏徵四十二岁到四十七岁，才干颇有展现，谋事老成持重，可是在东宫的整整五年间，官职没有一点点的升迁，出的主意也就那么一点点。显而易见，魏徵在东宫实际所处的地位并不高，所起的作用并不大，没有受到太子李建成的重视。有一条不大为学术界注意的史料可以清楚地证明这一点。《大唐新语》卷六《举贤》记载："魏徵、王珪、韦挺俱事隐太子（李建成），时或称东宫（太子）有异图，高祖（李渊）不欲彰其事，将黜免宫寮以解之。流[韦]挺、[王]珪于嶲州，[魏]徵但免官。而[魏]徵言于裴寂、封德彝曰：'徵与韦挺、王珪，并承东宫恩遇，俱以被责退。今挺、珪得罪，而徵独留，何也？'寂等曰：'此由在上（李渊），寂等不知。'[魏]徵曰：'古人云：成王欲杀召公，周公岂得不知？'无何，挺等征还。"这部书为唐人刘肃撰成于唐宪宗元和年间，以唐人写唐事，应该是有事实根据的，但在倾向性上也不免有点传说的成分。成者为王败者寇，到了这个时候，已距发生于武德七年的贬斥事件、武德九年的玄武门事件将近二百年了，对当年那些权力斗争的是非曲直的议论，早已转向为多褒李世民而大贬李建成，魏徵的知名度和影响力也已远远地超过了当年在世的时候。这条史料至少可以说明一点，即魏徵当时在东宫没有多大的作为，不是李建成很亲近的谋士，所以，引不起李渊君臣的注意。如果说这条史料还不能够充分说明问题的话，那么，两《唐书》的魏徵本传上所载魏徵与李世民的简单对话，可以作进一步的补充证明。当玄武门之变发生后，李世民气势汹汹地把魏徵叫到当面，严厉地责问："你为什么要挑拨离间我们兄弟的关系？"魏徵却镇静地对答说："皇太子如果听从了我魏徵的话，肯定不会有今天的大难。"潜台词的意思很明白：我建议早做防备，先下手为强，而皇太子"性颇仁厚"，优柔寡断，念及兄弟之情，不忍动手，这才会发生今天的杀身之祸。可见，李建成对魏徵不是言听计从的。其实，魏徵在东宫的五年间，原来是有话说的，有事做的，只是李建成不听从，未照办，从而显得没有实质意义，也就没有记载保留的价值，史臣们便概括地一笔带过了事。不像前面已引述过的那些话、那些事，李建成听从照办后，起到了很大的作用，史臣们便浓墨重彩地记上一笔。

太子李建成与秦王李世民之间的矛盾越来越激烈，再加上野心勃勃的齐王李元吉不停地煽风点火，加速趋于你死我活了。当时，太子与齐王结为一派，政治力量大大超过了秦王集团，发展形势是有利于太子党的。李渊也明显感觉到了情况不妙，过去采用平衡手段来调和双方矛盾的做法不能再起作用，便决定召开一次御前会议，彻底解决这个问题，时间就定在武德九年（626）六月四日的早上。秦王集团预料这个会议的最后决定将大不利于自己，于是狗急跳墙，铤而走险，一帮死党在李世民的带领下，事先埋伏在玄武门附近，做好了偷袭刺杀的准备。而李建成和李元吉认为自己胜券在握，不用动手，在这个御前会议上就能以和平的方式除掉政敌，所以，也不采取任何的防备措施，一大早就轻松自得地上朝去了，满心想的是在父皇的主持下，开一个胜利而喜悦的御前大会，根本没意识到危险就在前面等着。当他们刚一走到上朝必经的玄武门时，李世民等人就一跃而起，打了李建成、李元吉一个措手不及，他们便在惊魂未定的慌乱之中，相继被杀死了。当这场惨案发生的消息传到李渊的耳朵里时，他感觉太突然，惊愕不已，真难想象到在自己的眼皮子底下竟会发生这样的事，还想再仔细了解一下这到底是谁的过错。而刚刚在这场政变中立下头功的尉迟敬德已经带着兵士站在周围，身边大臣赶快使眼色、打圆场，示意不要再追问了。李渊也马上明白过来，只得忍气吞声地接受自家老二造成的既定事实。本来在事变中，李世民的部下打算把李建成、李元吉的一百多名亲信全杀了，倒是尉迟敬德挺身而出，坚决制止，说罪行只在两个为首的凶恶之人的身上，现在已经诛杀了，如果还要继续伤及他们的党羽，这就违背原先只是为了确能自保和稳定政局而采取行动的初衷。李世民也觉得这事做得太绝太过火，也只因太想做皇帝，才对兄弟们痛下杀手，原本没有什么深仇大恨，既已达到目的，就适可而止吧！于是采取"自余党与，一无所问"的策略，连那些在得知太子、齐王遇害而率领东宫、齐王府部下拼命攻打秦王府的将领们，也不再追究，以便尽快笼络人心。所以，李世民这才只责问一下魏徵就完事，并非出于对魏徵一人的宽宏大量。这场宫廷政变发生后，李世民便如愿以偿地摇身一变，立即成为可以继承皇位的皇太子，而且，一切朝政都由他决断。东宫的主人既然换了新的，那么，仍然留在东宫的原东宫旧僚魏徵虽不被追究罪责，但也要略示惩罚，就把他的官职降为更低的太子詹事主簿，品级是副七品上。

马到成功的第三次出关

武德九年（626）八月，李渊被逼把皇帝宝座让给皇太子李世民来坐，自己做了如同被软禁的高级政治犯"太上皇"。李世民夺得大位，满心欢喜，高兴之余，也想起魏徵挺有才，眼下正是用人之时，不妨就提拔一下，为我所用。就在这时，从山东、河北等地传来人心浮动的情报。可能是李建成生前听从魏徵的建议，趁率军出征刘黑闼之机，在这一地区布置下外援，还有李建成太子宫和李元吉齐王府的一些部下，在玄武门之变后，也逃到了这里，他们聚集在一起，蠢蠢欲动。而从隋末开始，这一带就是最容易出乱子的地方。正好魏徵具备对这些地方既熟悉人情又取得过成功游说经验的有利条件，已经继位为帝的李世民便迁升他为谏议大夫，品级是正五品上，并封爵位为钜鹿县男，"使安辑河北，许以便宜从事"。就是说，委派魏徵前去招抚安慰河北等地，凡在巡视过程中遇上任何问题和状况，允许可以当机立断，全权处理，不必先向朝廷汇报。

这一次出使是在武德九年秋天，天高气爽，上一次的出使还是在武德元年冬天，天寒地冻，时间上相距已有整整九年，性质上已是冷暖两重天，官职大了，任务重了，地位高了，身份变了，完全算得上名副其实的钦差大臣了。这一年，魏徵四十七岁，相对于古人寿命的平均年龄普遍较低来说，这个岁数，已是老年人的临界点了。但也就是从此时开始，魏徵步入了他人生的辉煌时期，可以说，这算是一种地地道道的大器晚成了。

当魏徵以钦差大臣的身份带着手下人员走到磁州（今河北磁县一带）地界，迎头遇上一队人马押着两个囚犯，因为是老相识，便一眼认出囚犯就是先前的太子李建成和齐王李元吉的旧部将军李志安和李思行，要被押送到京城去。魏徵就对副使李桐客说："我们受命出使的时候，皇上当面交代，凡是原来东宫、齐王府的亲信，都要原谅赦免其罪，不再追问。现在却抓捕李思行等人，还要押送去京城问罪，那么，其他的人有谁不心存恐惧，自我猜疑？朝廷白白地派遣我们这些使者前来宣布赦令，安抚人心，一旦被看作说一套做一套，他们肯定不再相信我们，不再相信朝廷，这就会造成差之毫厘而失之千里的严重失误和后果。而且对国家的利益来说，应该是知道有益处的就毫不犹豫地去做，怎么能顾虑个人的得失，而破坏国家大计？如果现在释放了李思行等人，不追问他们的罪行，那么，朝廷的信义所起到的感化作用，再远的地方也会传播得到。古时候，大臣出使访问，如果是有利于国家社稷的事，自己专断决定去做，是可以的。何况这次出使，允许当机立断、全权处理，皇上既然用国士的恩德对待我们，我们怎么可以不用国士的忠诚来回报呢？"就立刻释放了李思行等人。过后，才把这件事报告给朝廷，新皇帝李世民认为魏徵敢于担当，对此事处理得及时，争取了人心，稳定了局面，很是高兴。

第 2 章

非凡的后半生

摸清太宗的心病

　　唐太宗李世民自从当了皇帝，一直到死都承受着巨大的心理压力，笼罩着浓厚的心理阴影，因为他的皇帝位子是"逆取"而得，太残忍，太血腥，不是光明正大的应该得到的，而他本来是一位有雄心、有宏图、有才干、有能力、有思想、有作为的政治家，却又有这么大的人生污点，从而形成了一种颇为矛盾的心结。李世民在解决这个矛盾心结时，采用了两种方法或手段，一种是暗的，一种是明的，即所谓"顺守"，以求尽可能快地消除当时人对这个污点的坏印象，尽可能好地抹去后世人对这个污点的坏记忆。

先看暗的一种，就是争取在生前把那些不利于自己的有关记载太原起兵、失败战绩及最重要的玄武门事件的文献内容或修改或删掉，虽煞费苦心，但还是留下一些可以透露没能完全窜改和删除的信息。如《贞观政要》卷六《杜谗邪》："贞观十六年（642），太宗对谏议大夫褚遂良说：'你负责编纂起居注，近来所记录的我的行为是好还是坏呢？'褚遂良说：'史官的设立，就是为了把国君的举动都记录下来。好事自然一定记录，有过失的行为也不应当隐瞒。'太宗说：'我现在努力从事三件事，也是希望史官不要记录我的过失。其一是将前代的政事成败作为鉴戒；其二是任用贤德的人，共同完成治理国家的事业；其三是排斥抛弃小人，不去听信谗言。我能够坚持下去，始终不会改变的。'"由此可见，太宗为了抹去人们对"逆取"的记忆，而要将"顺守"发挥到极致的良苦用心。又如《贞观政要》卷七《文史》："贞观十三年，褚遂良担任谏议大夫，兼职编纂起居注。一次，太宗问他：'你最近主持编纂起居注，究竟记录了哪些事情呢？起居注可不可以让当代皇帝看一看呢？我想看看这些记录的原因，其实就是想要回顾一下我自己行为的成败得失，从而用来警戒我而已！'褚遂良说：'现在的起居注，就是古代的左史、右史，是用来记录皇帝的言行，不论善行恶行都会记录下来，是希望皇帝不要去做不合法度的事情，从来没有听说过当代皇帝要亲自翻看起居注的。'太宗说：'那么我做了不好的事，你一定也会记录下来的了？'褚遂良说：'臣听说遵守君臣的道义，不如忠于自己的职守。臣的责任就是秉笔直书，怎么能够不记录呢？'黄门侍郎刘洎进言说：'皇帝如果有了过失，就像日食、月食，人们都可以看到的。即使褚遂良不记录，天下的人也都会记下来的。'"

所谓"起居注"，是古代史书的一种体裁，主要记录君主日常的言行，按时间编辑。"起居郎"一职的责任，就是及时地把君主的所作所为记录下来，先整理成卷宗而递交史馆存档，然后再编为起居注。这一段史料隐隐约约透露出的信息是：太宗心中明明有鬼，却说是想看看起居注中记载了哪些有关自己的"得失"，并找了一个漂亮的理由，即为了"以自警戒"。当时兼任起居郎的褚遂良回答得倒也直截了当，说凡是君主的善恶都要记录在案，希望能使君主不再做非法的事，但没听说有帝王亲眼观看起居注的。太宗又赶快追问："照你这么说，我如'有不善'，你也一定记吧？"褚遂良回答得更干脆："这是我的职责，怎么能不记录？"而刘洎又补充说："即使褚遂良不记录，天下人都已记住了。"这样一来，太宗也无可奈何，总不能把天下人的嘴都封了吧。其实，太宗主要想看什么，褚遂良、刘洎针对着什么而作回答，双方都心知肚明，只是隐约其词不挑明，心照不宣罢了。

可那个污点仍然搅得太宗心神不宁，到了第二年，他忍不住又对此事发了一通议论。《贞观政要》卷七《文史》："贞观十四年，太宗对房玄龄说：'我每次阅读前代的史书时，有许多表扬美德与斥责恶行的内容，足以作为将来的规劝和告诫。但不知道自古以来的当代国史，为什么不能让当代帝王亲眼看一看呢？'房玄龄回答说：'在国史中，既然把好事恶行都一定要写出来，是希望皇帝不要去做不合法的事。只是怕有些记录会与当代皇帝的意见相违背，因此不让皇帝亲眼看到。'太宗说：'我的想法和古人很不一样。现在我之所以想要亲眼看看当代国史，是因为如果记录了我的善行，固然无须再说什么，如果记录了我的不好行为，也想要把它作为一种借鉴，使我能够改正罢了。你可以把国史抄录送过来。'房玄龄等人便删减了国史并改为编年体，写成《高祖实录》《太宗实录》各二十卷，呈送给了太宗。太宗看到六月四日玄武门事件，发现许多用语十分隐晦，就对房玄龄说：'以前周公诛杀管叔、蔡叔才使周室得以安定，季友毒死叔牙才使鲁国得以安宁。我的行为，与这些事是同样的道理，都是为了安定国家、造福百姓罢了。史官尽管秉笔直书便可，何必要有所隐晦呢？应立即改掉虚浮的词句，如实把事实写出来。'""太宗"为李世民死后的庙号，所谓

《太宗实录》是史官在事后的追述用语，因为李世民这个时候还在世。

《资治通鉴》卷一九七贞观十七年七月条："初，太宗对监修国史房玄龄说：'前世史官对君主言行的记录，都不让君主观看，为什么呢？'房玄龄回答：'史官记录的原则是不虚构美德，不隐瞒恶行，如果让当代君主看到了真实的记载，必会发怒，所以不敢进献的。'太宗说：'我的想法，和前代不同。帝王要亲自观看国史，知道以前的坏事，作为后来的警戒，你们可以编撰成书呈上来。'谏议大夫朱子奢进言说：'陛下自身圣德，做事无过失，史官记述的都是善行义举。陛下自己阅览起居注，倒也不算错事，但如果把这种做法传给子孙，我恐怕在曾孙、玄孙之后的某代皇帝中有不很睿智的，饰非护短，看到真实的记载，史官一定难免被诛杀。这样一来，史官便会迎合风气顺从旨意，保全自身不受伤害，悠悠千载之事，有什么可相信的呀！所以，前代国君不观看当代国史，就是因为这一点。'太宗不听从。房玄龄就和给事中许敬宗等人剪裁史料而编成《高祖实录》《今上实录》。""今上"为当今皇上之意，即指李世民。所谓"国史"，从广义上讲，是指本朝人编撰的有关当代历史的一切档案和各种史书，从狭义上讲，仅指本朝人编撰的有关当代历史的纪传体史书。所谓"实录"，就是一种专门记载某一皇帝在位期间发生的军国大事的编年体史书。

在唐代，每一位皇帝死后，继位的皇帝就下令撰老皇帝一朝的实录，后来的历代王朝也都如此。而太宗却坏了这样的规矩，在生前不仅坚决要看国史，而且在看过之后还指示如何修改实录。因此有关太宗的实录就产生了两种：一种是在生前就撰成的《今上实录》，或称《贞观实录》，一种是在死后才撰成的《太宗实录》。为什么呢？上面两段史料已讲得很清楚，太宗就是要看看当时的史官在国史记述中，针对武德九年（626）六月四日早上发生的玄武门军事政变及随后发生的高祖禅让帝位这两件事情，是如何给予认识和定性的，是怎样评说是非和曲直的。而房玄龄等人也是发动玄武门政变的主谋，所以，既乐意接受太宗意见，也乐意辛苦改修一番。于是，他们发动的军事政变就变成为了江山社稷和黎民百姓的正义之举，而逼迫高祖让位也变成了李渊早有自愿让位想法的美好结果。前者在上面所引史书记载中有明白无误的表达，后者在《旧唐书·裴寂传》中也透露出蛛丝马迹："［武德］六年，迁尚书左仆射，赐宴于含章殿，高祖极欢，［裴］寂顿首而言曰：'臣初发太原，以有慈旨，清平之后，许以退耕。今四海乂安，伏愿赐臣骸骨。'高祖泣下沾襟曰：'今犹未也，要相偕老耳。公为台司，我为太上，逍遥一代，岂不快哉！'"《新唐书·裴寂传》说是"公为宗臣，我为太上皇"。武德六年（623），唐朝彻底取得了天下而李渊完全坐稳了江山，不仅一切事业都处于顺利发展之中，而且身体也很好，心理很正常。因为即使在被逼当了"太上皇"的十分郁闷的生活环境中，还又活了九年，由此可见这个时候的李渊应该是很健康的。在这个时候，李渊却说出了要准备退位做"太上皇"的话，从情理上讲，既不合乎实际，也不合乎逻辑。另外，武德六年，李世民还是秦王，并未做皇帝，不必为李世民的"世"字避讳。但这里却已写出了"逍遥一代"的语句，把"一世"改为"一代"。显而易见，这是房玄龄等人在贞观年间遵照太宗旨意修改《高祖实录》而留下的痕迹，被后人在撰写唐国史及两《唐书》时从中引用资料时沿袭下来了。

再看明的一手，就是要做一个很好的皇帝，也就是古代所谓"明君"，而不是所谓"暗主"，从而成为帝王们的好榜样。这样便可以在天下一切人的心目中树立起高大正面的形象，又进一步在这样的光环照耀下，遮掩那两个污点，在主观上达到自我救赎的目的，在客观上收到不使人们持续记忆而慢慢淡忘的效果。要想成为明君而非暗主，最关键的是要能够做到"兼听"而不"偏听"。要想兼听就必须有博大的心胸，以虚怀若谷的态度容纳不同意见，从谏如流，从善如流。这一手很是灵验，这一招相当管用，在太宗常常能放下不必要的自尊，听从和采纳不留情面的谏言而及时改正错误的实际行为的感召下，后世的人也确实很少再揪着他的"小辫子"不放，对太宗也不再予以严厉的批评、尖锐的指责，甚至还进行某种程度的违心袒护，常常替他说好话。

凡纵横之术要想在现实社会中成功运用，最关键的都是要在游说之前摸清或猜透所游说之人的隐秘心理，必须要在游说之辞中有的放矢地使用巧妙精致的寓言或动人心弦的譬喻。

魏徵没有白学纵横之术，通过细心洞察和深刻透视，摸清了太宗的心理隐秘，便放开胆量，有针对性地向太宗不厌其烦地进谏，每每是不达目的不停止。这样就出现了双赢的局面，太宗以纳谏赢得了明君的声誉，魏徵以进谏赢得了直臣的美名。

有一条迄今不被研究者关注的资料，也许多少可以说明这个问题。据《唐会要》卷五《杂录》记载，太宗曾有一次询问群臣："你们看我的兄弟和儿子中，谁是贤才？"魏徵对答说："我很愚昧，不完全了解他们的才能。只有吴王多次与我交谈，没有一次不使我显出自己的不足而感到惭愧的。"太宗说："我也很器重他，你认为前代有谁能比？"魏徵说："从精通经学、修养文雅方面来说，也就是汉代的河间王、东平王可以相比一下吧。"从此，太宗对吴王更加宠信礼遇，并让他娶魏徵的女儿为妻。那么，太宗和魏徵在这次交谈对话中议论的"吴王"及提到的"河间王""东平王"是什么人呢？吴王是高祖第十四子、太宗弟弟李元轨，先封为蜀王，又改封为吴王，最后封为霍王，从小就多才多艺，使高祖觉得很奇异。为人喜欢读书，为政忠于国事。有一次他随太宗外出打猎，遇上一群野兽，太宗命他射之，箭无虚发，全部射中。太宗抚摸着他的脊背，感叹地说："你的武艺过人，很遗憾在当今无处施展了。过去天下未平定的时候，我能用上你的大才，那该是多美的事啊！"河间王是汉景帝的儿子刘德，东平王是汉光武帝的儿子刘苍，二人为两汉时期宗室亲王中有才有德的典型代表，不仅喜欢读书，而且爱好藏书，精通儒家经典，具备行政能力。李元轨受到魏徵的夸奖，说是可以和刘德、刘苍相比美，也真十分难得了。太宗一听，心中高兴，既然李元轨才是当代宗室子弟中有才有德者，相比之下，先太子李建成、齐王李元吉自然是无德无能者，那么，自己的"逆取"行为，似乎也不算为过了。在这种自我安慰之余，太宗也不忘适时地和魏徵再套近乎，使魏徵的女儿成为李元轨的王妃。又据《魏郑公谏录》卷四记载："有一年，魏徵回乡扫墓，太宗专门派遣近卫军二十人随从护卫，还借给他皇宫御马三十匹，赏赐物品七百，一路上的吃住都由各地驿馆负责。"这完全超出了官员因私回乡的待遇，明摆着是太宗的特殊用意，好让魏徵风风光光地衣锦还乡，通过表面上的宠信，达到实质上的笼络。

长孙皇后去世后，太宗打算立所宠爱的杨氏为皇后，而杨氏正是当年太宗发动玄武门军事政变时被杀的齐王李元吉的妃子。按理说，家丑不可外扬，太宗却因色令智昏，竟忘了这条古训，想把强占为己有的弟媳立为皇后，这不是明摆着要大张旗鼓地外扬家丑吗？对于这等丑事，魏徵自然是持反对意见的，仅三言两语就阻止了。魏徵说："陛下方比德唐、虞，奈何以辰嬴自累！"太宗一听，立刻醒悟过来，便放弃了立杨氏为皇后的念头。这么大的一件事，怎么就这么轻易地解决了？其实，这正是魏徵能够准确掌握太宗在"逆取"后的特殊心理而巧妙加以利用的高明之处。太宗在政治上积极作为，就是为了树立起圣贤之君的形象。魏徵便有针对性地说太宗的美德正可以比得上古时的圣贤君主唐尧、虞舜了，怎么能去做像古人辰嬴一样的事而自损美德，辰嬴是什么人？为何魏徵一提及，就能如此立竿见影地阻止太宗所想做的事呢？据《左传》记载：春秋时晋国太子叫作圉，即后来的晋怀公。他曾在秦国做人质，秦穆公把女儿嬴氏嫁给他为妻。后来，太子圉准备逃回晋国，悄悄问嬴氏愿意不愿意随自己去晋国，嬴氏不敢依从，太子圉就独自逃回去了。后来，晋国公子重耳即太子圉的叔父因政治避难而来到秦国，秦穆公又把嬴氏嫁给了重耳，即后来的晋文公。嬴氏因此被称为辰嬴。当时有人讥刺辰嬴先后受宠于有血缘关系的两位君主，既做了一个可耻之人，又做了一件丑事。魏徵以辰嬴来暗指杨氏，太宗当然明白是什么意思：这个家丑的起因可正是玄武门之变啊！

把握进谏的尺度

魏徵的没完没了、尽情尽性、事无大小的进谏而产生的邀誉之嫌，也是有事实根据的。而他心里很明白，只要掌握分寸，不触犯太宗最大的忌讳，不触动太宗最重的心病，就会相安无事。即使曾有一次当面劝谏太不留情面，使太宗实在忍不住了，一退入后宫就大喊大叫，口口声声说要把魏徵这个乡巴佬杀掉，连长孙皇后都惊动了。经过长孙皇后的一番劝解，又没事了。因为毕竟不是触及太宗最敏感神经的事，过一会儿也就好了。如有同僚向太宗抱怨，说魏徵为了出风头，凡是他不乐意的人，不同意的事，就无休无止地提出反对意见，不达目的不罢休，直到按照他的心意办才闭嘴。古今人评论此事，大多认为是那些同僚出于对魏徵的嫉妒。其实未必全是这个原因，也多少与魏徵不顾别人的感受而任性倾泻的强势言论有关，从而引起同僚的反感。为此，连贵为皇帝的太宗也常常避其锋芒，尽量不与其起正面冲突。

太宗十八岁带兵打仗，十几年的戎马生活，早已养成好动的习惯，好武的情趣。而在古代，通过打猎的方式来检阅军队，是一种通行的做法。所以，太宗一方面由于主观上的喜好，一方面由于客观上的需要，常常出宫开展打猎的活动。有一年，太宗已准备好外出打猎，刚好魏徵从家乡扫墓返回京城后听说了，但过了好几天又不见动静，就向太宗询问是怎么回事。太宗说：确有此事，但知道你回来了，怕你怪罪，就临时取消了。还有一次，太宗兴趣正浓地玩着一只上好的鹞鹰，突然看见魏徵来了，为免于听到一番玩物丧志的劝谏，便急忙把鹞鹰藏进怀里。偏偏魏徵早已看到了，也不说破，而是说起事来滔滔不绝，没完没了，有意拖延时间。太宗一边勉强应付，一边担心鹞鹰，好不容易等魏徵说完离开后，再看怀中的鹞鹰，已经被闷死了。长孙皇后与太宗结婚很早，共同度过太原起兵之后腥风血雨的战乱岁月，在政治上对太宗帮助很大，也善解人意，又为太宗生了三个儿子，所以两人感情深厚。贞观十年（636），长孙皇后才三十六岁就去世了，葬在昭陵，太宗时时想念，有一天，又忍不住思念之情，就把魏徵叫来，要把对长孙皇后的至笃深情表现给魏徵看，想得到魏徵的好言安慰。谁知道，当太宗领魏徵登上高台，指着远处的昭陵方向，问魏徵看见没有时，魏徵揉揉眼睛，说："老臣眼花，没看见。"太宗就指着昭陵给他看。魏徵便说："陛下您也不早说是看昭陵，我以为是要看献陵，如果是看昭陵，那老臣早就看见了。"一下子刺得太宗脸红起来，赶快叫人把观望昭陵的高台给拆了。原来太宗的父亲李渊死后葬在献陵。像这一类既无关国家大计又不影响社会的事，在瞅准了太宗软肋的魏徵那里也不被放过，这不能不说多少与借题发挥、趁机出气的无赖行径沾点边吧！不过，这些以进谏为邀誉的言行，并不伤大雅，君臣之间也就相安无事。

其实，太宗的纳谏有邀誉的用意，魏徵的进谏也有邀誉的因素。但尽管如此，绝不能因为其中都有一些个人的动机掺杂在里面，就否定太宗纳谏和魏徵进谏在客观上对促进社会生产和稳定百姓生活所释放出的正能量。所以，《旧唐书·魏徵传》上才会记载："太宗新即位，励精政道，数引〔魏〕徵入卧内，访以得失。〔魏〕徵雅有经国之才，性又抗直，无所屈挠，太宗与之言，未尝不欣然纳受。〔魏〕徵亦喜逢知己之主，思竭其用，知无不言。太宗尝劳之曰：'卿所陈谏，前后二百余事，非卿至诚奉国，何能若是？'"实事求是，平心而论，在古今君臣关系中，能够达到像太宗纳谏、魏徵进谏那样契合高度的确实不多见。

武德九年（626）十二月，魏徵出色地完成了巡视和安抚山东、河北地区的任务，返回长安复命。到京城后，魏徵与太宗畅谈甚欢的喜悦之色尚未从脸上消退，就为一件政事吵得不可开交，在进谏与纳谏这一很难掌握平衡点的矛盾体中发生了正面冲突交锋，第一次严重地考验着这一对君臣的关系。

冲突的起因源于一场关于面对天下人是守信誉以讲诚信而赢得人心，还是毁信誉以不讲诚信而失去人心的争论。按照唐初的法令规定，刚出生的男孩为黄男，四岁为小男，十六岁后为中男，二十一岁后为丁男，六十岁后为老男。其中在十六岁至二十一岁之间还有一个过渡性的初步够得上"始成丁"的十八岁丁男，这些人不用服兵役和徭役，二十一岁后的丁男才开始服兵役和徭役。那一年征召兵丁时，宰相封德彝向太宗建议，凡是中男虽未满十八岁，但如其中有身体发育壮实，长得高大的，也可以当作兵丁征召。太宗同意照此办理。等到朝廷征召兵丁的敕令文件下达后，魏徵怎么也不肯在文件上签署自己的名字，再三再四地驳回不签发。当时，魏徵任谏议大夫，属于门下省的谏官，有审议驳正权。太宗大为恼火，把魏徵召至当面责问："中男如果长得确实矮小，当然不会征召从军。如果长得确实高大，也可以征召从军。这事与你有什么关系？固执得这么过火，我不理解你的用意！"魏徵也一脸严肃地说："我听说把水抽干后捕鱼，肯定能得到鱼，但明年就再也没有鱼了；把树林烧光后打猎，肯定能获得野兽，但明年就再也没有野兽了。若是中男以上都征召从军了，那些租赋杂役又将怎样获取呢？而且，连年以来，国家卫士们已不能胜任征战。难道是因为当兵的人数少吗？不是的，其实是因为国家不按正常法规办事，不尊重兵丁的权益，所以，使得他们丧失了勇气和斗志。若是多多地抽取兵丁，还让做杂役，即使兵士数量众多，也终究是无用的。若是精挑细选健壮的，又尊重他们的权益，激发出每个人的自信和勇气，就能以一当百，何必要人数多呢？陛下口口声声说自己为君主之道是以诚信对待天下万物，要使得上至官吏下至百姓都没有虚伪欺诈之心。可继位时间并不长，就在所做的几件大事上全没有诚信可言，又怎么可能取信于天下人？"太宗一听就急了，赶忙追问："你所说的不守诚信，是什么事呀？"魏徵一件一件地举出例证，从容应答："陛下刚刚当上皇帝时颁布诏书说：'过去没有交上的租税债钱，亏欠的官家财物，全部免除。'您指令有关部门，一条条列出清单，却把秦王府库房中的东西不算作官家财物，有欠秦王府财物的，照旧追讨。陛下是由秦王升为天子的，秦王府的财物怎么就不算作官家财物？您又曾经下诏说：'关中地区免除两年的租税徭役，关东地区免除一年的租税徭役。'百姓蒙受大恩，天下欢心喜悦！没有想到，才过了几天就有圣旨说：'今年百姓大多已经服役结束，若是说从现在免除，不过是白白虚受国家恩情，如果已经折算输送了租税，就让各地全部收取，对于要免除的，都以明年作为起始点来算。'在租税返还给百姓之后，又重新征收，在百姓心中，不可能没有埋怨。已征收的物品不退还，清点作为军需，把来年作为免除服役的起始，这怎么能取信于人？另外，宣布朝廷政令，管理各地百姓，主要依靠的是担任刺史、县令的地方官，每年赋税力役的征收征集都委托他们。一旦朝令夕改，便使得刺史、县令一征召兵丁，百姓就怀疑他们是弄虚作假。这样一来，希望下面做事有诚信，不也是很难的事吗？"太宗听了，顿时醒悟，对魏徵说："我看你对这件事十分地固执己见，怀疑是你不清楚这个事。现在听你议论国家不守诚信，竟然是由于不了解民间实情。我不仔细寻思，过失也就很深了。凡行事都照这样出现错误，怎么能达到治理的目的？"于是停止征召中男从军，并赏赐一口金瓮给魏徵。

在太宗和魏徵的君臣之间，就是这样地为治理国家而由磨合到默契，直至达到完全互信。所以，不能因太宗纳谏而听取批评意见和魏徵进谏而提出反驳意见，不仅不能从根本上触动封建社会的不合理制度，而且还是出于要使封建统治达到长治久安的目的，就去否认一个能诚心纳谏的帝王和一个能认真进谏的臣子是能够为百姓做出一点好事，为百姓减轻一些负担，多多少少维护了下层民众权益的客观事实。

登上政坛的高层

由于逐渐已坦诚相见，太宗对魏徵有了更高的期望。贞观元年（627），太宗把魏徵调至尚书省任尚书右丞，仍兼任门下省的谏议大夫之职。唐朝廷的中枢机构为三省，即真正掌握行政实权的尚书省、中书省、门下省，而三省的长官就是宰相。尚书省是执行、实施朝廷行政命令的总机构，无事不管，政务繁杂，因此又在其下设置六部——吏部、户部、礼部、兵部、刑部、工部，分部门办理公务。中书省是秉承皇帝旨意、起草政策法规、发布行政命令的机构。门下省是掌管机要、审查诏令、签署奏章的机构。凡朝廷有军国大事，就由中书省先行决策，拟出怎样实施的条文，再由门下省进行复核驳议，拿出是否可行的意见，最后由尚书省全面贯彻执行，落实到位。简单说来，尚书省是负责政策的执行，中书省是负责政策的制定，门下省是负责政策的审议，目的就是平衡权利、防止专断、各司其职、减少失误。魏徵升任的尚书右丞之职属于尚书省行政系统，兼任的谏议大夫之职属于门下省行政系统，都是较高的职务，这等于把执行与审议的重担一肩挑了。尚书省是全国行政的总机构，垂直下达行政命令于各个地方的州、县、乡，之所以分为六部二十四司，是为了分担过于庞杂的行政事务，并加以专门化的管理。为防止各部门之间出现疏漏失误、扯皮推诿的现象，于是又设置尚书左司、尚书右司，长官分别为尚书左丞与尚书右丞，总管尚书省的政令文件，地位在六部副长官侍郎之上。左丞管吏部、户部、礼部，右丞管兵部、刑部、工部，进一步细化各项政务，纵向上是上传下达，横向上是沟通协调。

这一年夏秋，关东地区发生了各种严重的自然灾害。九月，太宗委派魏徵前往巡视安抚、指导赈灾。回朝复命后，仅隔一年多的时间，就在贞观三年（629）二月调任秘书监，并参与朝政。虽无宰相的头衔，却有宰相的权力，对国家大政的判定、朝廷机密的商议有发言权，可算是准宰相或副宰相了。这一年，魏徵五十大寿，虽迈入晚年，却是他人生的真正转折点，迎来了一生事业的辉煌期。

唐代的官制规定，在正常情况下是一个任期为三年。那么，魏徵担任尚书省右丞之职才一年半就被调离，是出现了不正常情况吗？是的。这还得从魏徵的生活经历说起。魏徵在隋代没有做过任何官，只在隋末割据政权中做过文案秘书。进入唐代，不是短时间做靠嘴皮子游说的使者，就是长时间成为文案秘书加侍从顾问的角色，从来没有担任真正的行政职务，自然就没有具体管理和处置日常繁杂的行政事务的能力和经验。在《旧唐书·魏徵传》上，史官对他的行政能力作总结说："[魏徵]性非习法，但存大体，以情处断。"以此再与同时担任尚书左丞的戴胄比较一下。《旧唐书·戴胄传》说："时尚书左仆射萧瑀免官，仆射封德彝又卒，太宗谓[戴]胄曰：'尚书省天下纲维，百司所禀，若一事有失，天下必有受其弊者。今以令仆系之于卿，当称朕所望也。'胄性明敏，达于从政，处断明速，议者以为左右丞称职，武德已来，一人而已。"由戴胄的称职可以间接证明魏徵的不称职。

据《旧唐书·王珪传》记载，太宗有一次说王珪"识鉴清通尤善谈论"，就请他当着几位大臣的面"品藻"一番各人的特长，同时也自我评价一下。王珪说：比较起来，我不如房玄龄的"孜孜奉国，知无不为"，不如李靖的"才兼文武，出将入相"，不如温彦博的"敷奏详明，出纳惟允"，不如戴胄的"处繁理剧，众务必举"，不如魏徵的"以谏诤为心，耻君不及于尧舜"，但我在"激浊扬清，疾恶好善"方面是优于他们的。这些人是同僚，同朝为官，彼此当然很熟悉，而且，王珪又具有鉴别人才的能力，所以，他的评价意见应该说是很准确的。那么，魏徵的特长就是在直言谏诤上，尽力规范和约束太宗的言行举止，促使他做一个好皇帝，成为真正的圣贤明君，赶超理想中的古代帝王唐尧、虞舜，而不在处理具体的行政事务上。事实上，也确实如此。由于没有行政经验，魏徵仅做尚书右丞一年半的时间，就惹上了是是非非。有人向太宗报告，说魏徵"阿党亲戚"。太宗让御史大夫温彦博调查，结果是查无实据。但温彦博还是向太宗建议："魏徵作为臣子，必须注意言行举止，注意说话态度，注意处世方式，以免造成不良影响，引来别人的攻击。"虽然魏徵是无心的，但是"不能远避嫌疑"，所以也有一定的责任。于是，太宗让温彦博告诫魏徵："从今以后，不可不注意影响。"

对于文献上记载的有关魏徵的缺点错误及被批评的意见，今人在研究时，总是想尽办法进行辩护，一律看作是遭人嫉妒和诬蔑，认为只要是魏徵说的和做的都是对的。其实，完全没有必要。同样是与魏徵同时或前后担任尚书左丞、右丞的人，为什么就不遭人嫉妒和诬蔑，而且还评价很高呢？寸有所长，尺有所短，人才各有短长，世上从来没有十全十美的人，更没有十全十美的事。任用人才之道，就是用人之所长，避人之所短。太宗曾自我总结功业盖过古人的原因有五点，其中第一点就是"人之行能，不能兼备，朕常弃其所短，取其所长"。对魏徵的任用，就是最好的例证。太宗不愧为一代英主，对于臣下的长处利用得很好，发现处理行政事务不是魏徵的长处，就及时地把他调任秘书监，以后又正式升为门下省的宰相，而再也不让他做尚书省和中书省的官，更没有任命他做这两个省的宰相，就是把他放在能够发挥长处的位置上。

主持编撰五代史

秘书监是秘书省的正长官，品级为副三品，掌管图书的收集、整理等事务，管理国家图书馆。魏徵担任秘书监之职，又干起了东宫太子洗马的老本行，只是级别高了许多，一干就是好几年。秘书监的职务比正四品下阶的尚书右丞要高，但实际权力却小得多。尚书左丞、右丞有行政事务的操控权，权力可达全国各地官府，是仅次于尚书省长官的实权官员。所以，魏徵由尚书右丞升任秘书监，似乎有明升暗降的意味。其实，这正表现出太宗在任用人才上的一大长处。他很实际很准确地将魏徵委派到可以充分发挥其特长的位置上，而魏徵又正是在这个很合适的位置上，作出了一生事业中的第一次大贡献。这就是唐代初年修撰的纪传体"五代史"——《梁书》《陈书》《北齐书》《周书》《隋书》，在历经多年波折后，再由魏徵全面地负责主持而最终完成了。

创建大唐帝国的唐高祖父子及其功臣，大都亲历隋朝由兴盛强大转而衰落灭亡的过程，所以很重视总结近代史的经验，以吸取教训。故在开国之初，著名史学家令狐德棻就指出："如文史不存，何以贻鉴今古？"于是，高祖在武德五年（622）下令撰修"五代史"，而且还有所具体分工，责任落实到人。由于时局不稳，影响到修史活动的顺利展开，"五代史"历经数年，未获成功。至"贞观之治"的时代，太宗特别注意"鉴前代成败事，以为元龟"。于贞观三年（629）下令重新编撰"五代史"，委任魏徵总负责，主持日常编撰事务。

在魏徵的出色组织和有效协调下，修史工作进展顺利，至贞观十年，全部完成，计有《梁书》五十六卷、《陈书》三十六卷、《北齐书》四十卷、《周书》五十卷、《隋书》五十五卷。从而受到太宗的嘉奖："公辈以数年之间，勒成五代之史，副朕深怀，极可嘉尚。"并为相关人员晋升官爵，赏赐财物。其中，魏徵的功劳最大，所以，晋级的奖励最高，物品的奖赏最多，"加左光禄大夫，进封郑国公，赐物二千段"。

进入政权的中枢

　　贞观六年三月，太宗和长孙皇后所生的女儿长乐公主要出嫁，因为是皇后亲生，太宗就特别宠爱，在礼仪、嫁妆等待遇上，不仅超过其他妃子所生的公主，而且还超过了永嘉长公主。根据唐代制度，皇帝的姑母封为大长公主，皇帝的姐妹封为长公主，皇帝的女儿封为公主，有严格的等级规定。而永嘉长公主是高祖李渊的女儿，为太宗同辈姐妹，高出长乐公主一辈。魏徵是一个恪守礼制的人，曾编写过好几部有关人伦礼教的书，自然认为公主的地位待遇一旦超过长公主，就是违反传统礼仪了。于是他列举历史上的具体事例向太宗进谏："不可以这样做。从前，东汉明帝要给儿子封爵位时，指示臣下说：'我的儿子怎能和先皇帝的儿子相等？地位等级有楚王、淮阴王的一半就可以。'这件事在前代史书上成了美谈。天子的姐妹为长公主，天子的女儿为公主，既然加个'长'字，意思就是表示有一定的尊敬推崇。在感情上或许可以有所偏向，但在礼仪上不容许有所超越。今日长乐公主的陪嫁超过永嘉长公主一倍，与东汉明帝的美好做法恐怕是不一样吧！"太宗自做皇帝之日起，为消除"逆取"的心病，无时无刻不在追求为后世留下个人的"美谈"。太宗一听，心想自己在这么小的事情上都不能超过东汉明帝，怎么能够在后人的心目中树立起明君形象，不仅当场接受，还一退入后宫就告诉了长孙皇后。最懂得丈夫内心的长孙皇后，也善解人意地赞叹一番，并请求太宗派宦官带上四十万钱、四百匹绢到魏徵家去赏赐。不仅如此，太宗让魏徵在继续担任秘书监的同时，兼任侍中一职，还晋封爵位为钜鹿郡公。

依据唐初官制，凡尚书省、中书省、门下省的长官，自然就是宰相。门下省的长官为侍中，而当时正式担任侍中的人是王珪，所以，魏徵的正式职务仍然是秘书监，只是以兼任宰相的身份协助处理门下省政务。这样一来，他就辛苦地做起了兼职工作。随后，在贞观七年（633）三月，因侍中王珪泄露宫中秘语，受到贬职处分，魏徵便转正为宰相，替代王珪而挑起侍中的重任。虽然这时卸下了秘书监的重担，但魏徵仍然负责"五代史"的编写任务，还是承担着两份工作，并且很胜任。所以，在"五代史"顺利完稿呈上之时，太宗当然很高兴，朝廷当然很满意，而魏徵受到特别嘉奖，也是理所当然的事了。到了这个时候，魏徵个人的生活和事业已进入既是最后又是最辉煌的阶段。可是，也就在此时，魏徵却以自己的眼睛有病、视力下降为由，屡屡请求辞去职事官，只做散官。

按照唐代官制，每位入流的官员都有品级大小基本配套的两个头衔，一是散官头衔，一是职事官头衔。凡表示官员的身份贵贱、地位高低、待遇厚薄而不管理具体事务的就是散官，如穿戴不同颜色、图案和饰物的官服，在参加官方礼仪活动中的先后顺序，每月可领取多少俸禄。凡表示在政府机构具体负责和掌管处理事务、大小不等而具有实际行政权力的就是职事官。在正常情况下，朝廷将散官的品级和职事官的品级以相等匹配的方式同时授予官员。但皇帝往往为了优待退休或辞职的老臣，便把品级很高的散官授予老臣，这样他们就可以既享受清闲的日常生活，又享用优厚的物质待遇。

魏徵提出这种请求的真正原因，在《旧唐书·魏徵传》上有记载："［魏］徵自以无功于国，徒以辩说，遂参帷幄，深惧满盈，后以目疾频表逊位。"这就是说，魏徵认为自己不但不是跟随太宗打江山的有功之臣，而且还是太宗的最大政敌太子李建成的昔日部下，一开始便站错了队，跟错了人。现在放眼朝野，满是太宗的昔日部下旧臣，当然就成为今日朝堂上的功臣。自己既非从龙功臣，如房玄龄、杜如晦等，亦非开国功臣，如李靖、李勣等，不是凭着过去的功劳，而只是凭着嘴上的功夫，坐上了宰相的高位，心中自感不踏实。选择见好就收的态度，给自己的人生画上一个圆满的句号，正是时候了。事实上，魏徵虽已贵为宰相，人在行政中枢，但并未进入真正的核心圈子。因为权力的中心表现是尚书省的施政权，中书省的决策权，而门下省仅表现为让皇帝可听可不听、可行可不行的建议权，而魏徵在贞观时期为官十七年，绝大部分时间是在门下省任职。可见，玄武门之变，不仅是太宗的终生心病，而且也是魏徵的终生心病，既影响着太宗，也影响着魏徵。

　　这个史实，同时结合《旧唐书·魏徵传》《贞观政要》卷二《任贤》及《资治通鉴》卷一九四所记而细读详审，就可以完全参透其中的玄机。贞观三年（629）的某一天，太宗对魏徵说："你的罪过重于春秋时齐国人管仲放箭射中齐桓公的带钩，我对你的任用却超过了齐桓公对仇人管仲的任用，在近代以来的君与臣相互投合的事例中，难道有像你和我这样的吗？"贞观六年闰七月，太宗在九成宫的丹霄楼上宴请大臣，酒正喝到高兴时，当时是太宗最信赖、最倚重的大舅子长孙无忌说："王珪和魏徵在过去是咱们的仇敌，没想到在今日和咱们一起出席这样隆重的宴会。"太宗说："魏徵、王珪从前在东宫太子身边，尽心尽力地为他出谋划策，在当时确实也真够可恶了。我提拔任用，才有了今日的地位，我也完全无愧于古人的用贤不避仇了。但有时遇到我不听从魏徵谏言的情况，我继续问话，魏徵就闭口不再回话，为什么呢?"而魏徵在随后的几番应答中既识趣又得体:"我认为政事有不合宜的,这才进谏,陈述不同意见。如果陛下还未听从,我就回应陛下而议论另一件政事,恐怕那件不合宜的政事就被错误地施行了。"太宗说:"但可以在当时先暂且答应下来,过后再另外陈述己见,难道不行吗?"魏徵回答说:"古时候,舜帝告诫群臣:'你们不要当着我的面依从,离开后再提出不同意见。'若使我当面顺从陛下,却在背后又进谏,这就成为'离开后再提出不同意见',难道是稷、契侍奉尧、舜之意吗?"尧、舜与稷、契的关系,是古代最理想的君臣关系,多么令人向往。这里以理想的帝王比喻太宗,以理想的臣子暗指自己,太宗听了很高兴,正投合心意,便开怀大笑地说:"别人都说魏徵的言行举止粗疏散漫,我只觉得他的语言姿态美好可爱,恰恰因为这一点。"魏徵又赶快拜谢一番,说:"陛下引导我进谏,因此,我才敢谏诤。如果陛下不接受我的谏言,我怎么敢屡次冒犯龙颜,触犯忌讳。"由此看来,无论是纳谏,还是进谏,都有不可触及双方真正"忌讳"的一条底线,是有某种限度的。只要是在这个前提下的谏诤,完全可以知无不言,言无不尽,达成默契,心照不宣,各得其所,互利双赢。

《旧唐书》主要是依据唐代史学家撰写的本朝国史即当代史的初稿改编而成的,在时间上距那些活动于政治舞台的人及发生的事较近，甚至有些就是亲历亲见，而以时人记时事，可信度当然很高。可在时过境迁、改朝换代之后，又当太宗、魏徵正面形象日益放大之时，再重新编写有关唐代的史书，后世史学家便以讳莫如深的态度重新认知诠释或处理剪裁此类史料，如在《新唐书》等重要的史学著作中，就看不到这一段真实的内心独白了。而太宗在回复魏徵的请求时，真可谓一波三折。先是旁敲侧击地提醒一下，接着高度肯定地赞扬一下，最后以巧妙的比喻对二人的关系说明一下，自然而然、顺理成章地表达出挽留之意。"朕拔卿于仇虏之中，任公以枢要之职，见朕之非，未尝不谏。公独不见金之在矿也，何足贵哉？良冶锻而为器，便为人所宝。朕方自比于金，以卿为良匠，卿虽有疾，未为衰老，岂得便尔？"但到了当年六月，魏徵还是当面向太宗恳求辞去职事官，太宗也不好再坚持挽留，虽解除了其侍中之职，但又命令他以正二品散官特进的身份仍旧主持门下省的事务，不仅要参与讨论朝章国典的得失，详细复审被判流放罪以上犯人的量刑，而且一切待遇都与职事官相同。这一年，魏徵五十七岁。直至六十四岁去世，除了在短时间内被任命为名誉上的职事官太子太师之外，长达七个年头，再也未担任过职事官。但他毕竟是一位具有强烈社会责任心的士大夫，所以，并未彻底闲下来，而是在政治使命感的自觉鞭策下，仍不断地以高度负责的态度献言进谏，既对当代产生过积极作用，也对后世产生着深远影响。

被动陷入宫廷斗争的旋涡

怕什么就偏偏来什么，往往是人们日常生活中的一种无奈，这在魏徵的身上也有所应验。而在社会生活中，某种历史悲剧也往往是无情地、不断地重复上演。魏徵曾经主动地卷入一场太子李建成与秦王李世民为争夺皇位继承权而上演的政治悲剧，吃亏很是不小，差点断送掉政治前途甚至生命，当然会吸取教训，尽量躲开类似的宫廷斗争。但事与愿违，越是想躲，却越是躲不开，他身不由己地又卷入一场为争夺皇位继承权而上演的政治悲剧。贞观十六年（642）九月，太宗亲自下诏，"以魏徵为太子太师"，就是做东宫太子李承乾的辅导老师。这一年，魏徵已经六十三岁，身体多病，更清楚这种差使所涉及的利害关系和凶险性质。因此，魏徵在病痛略微好点时，就挣扎着亲自进宫在朝堂上呈递辞职书。

原来，贞观十六年，又再一次重新上演隋代晋王杨广阴谋篡夺太子杨勇、唐初秦王李世民明谋抢夺太子李建成继承权的政治闹剧，双方撕拼已进入白热化阶段，只是眼下还没有出现最后的结果。当时的太子李承乾是太宗与长孙皇后所生的大儿子，是法定的继承人。李承乾一开始还好，被太宗寄予厚望，可是后来越来越不成器，伤透了太宗的心，太宗便在有意无意之中流露出改换太子的想法。而太宗和长孙皇后所生的第二个儿子魏王李泰本身就有才，为太宗所欣赏，一看到这个苗头，认为有机可乘，便招引文学才士编书，树立声誉，又拉拢朝野大臣，结交皇亲国戚。另外，太宗有意无意表现出的偏爱态度，助长了他的政治野心。如因李泰体形肥胖，跪拜不方便，太宗就让他乘小轿直接到朝堂。又如特许李泰在府中另外设置文学馆，任意招引学士，"每月给［李］泰料物，有逾于皇太子"。再如专门叫李泰进入宫中的武德殿居住，诸如此类。谏议大夫褚遂良、侍中魏徵都曾针对性地劝谏，这些在《旧唐书·太宗诸子·李泰传》中有详细记载。魏徵的谏言很巧妙，并未直接批评说魏王李泰移居武德殿有什么不对，反而先说太宗"令魏王［李］泰移居武德殿"，是出于父子天性的行为，表现出太宗对魏王的慈爱，而魏王又可以就近侍奉太宗，早晚问安，很好地尽人子的孝道。随后才话锋一转，婉言指出太宗对魏王的这种宠爱，反倒会给魏王造成不好的后果："魏王既是爱子，陛下常欲其安全，每事抑其骄奢，不处嫌疑之地。"可是现在所要移居的武德殿，就在太子所居东宫的西边，是齐王李元吉从前住过的，当时就曾引起人们的纷纷议论，"以为不可"。现今与那时，现今之事与那时之事，"虽不能同日而语，犹恐人之多言"，引起不必要的猜疑。尤其是最后说的几句结论性的话，似乎是设身处地地站在魏王的立场上考虑："王之本心，亦不安息，既能以宠为惧，伏愿成人之美。"这是正话反说，把魏王李泰梦寐以求的，说成是他自己认为这样一种宠爱会惹祸上身，使得忧心惧怕，因此拒绝。既然"以宠为惧"，会出现反效果、坏结果，那么，太宗就应做"成人之美"的好事，收回成命。这样一来，既可以给太宗和魏王留有很体面的台阶下，又达到了进谏的目的，即力争避免宫廷内斗给政局带来混乱，给社会带来动荡。但让魏徵没有想到的：一是没能推辞掉太子太师的任命，二是没能避免宫廷内斗的继续恶化，三是没能摆脱这场权力之争最终给自己带来的不幸。

死后仍旧缠身的政治是非

魏徵的病情一天比一天加重，仅仅几个月后，进入新年的第七天，即贞观十七年（643）正月七日，便与世长辞，享年六十四岁。噩耗上报朝廷，太宗亲临吊唁，停止朝会五天，追赠魏徵司空、相州都督，谥号"文贞"，陪葬昭陵。

魏徵半生为官，清正廉洁，一身正气，不图私利，所以贵为宰相多年，住宅居室却无正室。在他病重期间，太宗前往探视时才发现，于是撤下原本打算建造一座小宫殿的材料，花五天工夫，为魏徵建起正室。而且，太宗在赏赐起卧用具时，也是粗布被褥之类，以求不违背魏徵崇尚朴素之志。魏徵病逝后，太宗派给羽葆鼓吹、班剑四十人，赠给绢布一千段、米粟一千石，葬礼是按一品官员的规格仪式办理，而魏徵生前的最高官职为二品。灵车将要启动时，魏徵的妻子裴氏说：“魏徵平生节俭朴素，现在使用一品官员的礼仪，送葬的仪仗乐队太隆重，不合亡者生前之志。”于是全部辞掉，最后用布幔围裹的车子运载灵柩，没有一点华彩装饰。

本来，魏徵病逝，一生终结，可以盖棺定论了。但令他的在天之灵万万没有想到的是，生前力图摆脱宫廷内斗的政治是非，竟然在死后不久便缠上了未寒尸骨。

原来，太宗在皇位继承人一事上也出了问题。一个问题是和他的老父李渊一样，虎毒不食子，由于父子天性，碍于亲情，而当太子之位出现明争暗斗之时，在态度上就摇摆不定，难于采取果断手段和有效措施，最终酿成政治悲剧。另一个问题是太宗在贞观年间后期太过于信任和倚重个别大臣，使得一只“政治黑手”能在暗地里操控，这个人就是太宗的大舅子长孙无忌。房玄龄和杜如晦是为太宗谋取皇位最坚定的两个铁杆死党。杜如晦在贞观初年已死,而房玄龄却在贞观中期屡受太宗猜忌,连长孙皇后都看不下去了,临死前对太宗恳切地说:"房玄龄侍奉陛下的时间最长,小心谨慎,凡奇谋秘计的事都曾参与知道,始终没有泄露过一点秘密。如果没有特别大的事故,希望不要抛弃他。"同时告诫说:"我家族的人,有幸是皇家婚姻亲戚的缘故,并不是有德有才而被抬举任用,容易招来危险。为了长久保全,一定不要使他们处于权要之位上,只以外戚的本分上朝请安,那就很幸运了。"可太宗在这一件事上,还不如女流之辈有见识,一味地信赖长孙无忌,使长孙无忌在夹杂着权欲与私心的情况下,得以不动声色地在暗中操纵着太子人选。

按理说,太子李承乾、魏王李泰、晋王李治都是长孙无忌的亲外甥,应该是一碗水端平的,可无奈出于个人权欲的驱使,最终促成立小不立大、立幼不立长的事实,以方便自己能够控制。《资治通鉴》卷一九七贞观十七年四月条记载:"太子[李]承乾既获罪,魏王[李]泰日入侍奉,上面许立为太子,岑文本、刘洎亦劝之;长孙无忌固请立晋王[李]治。"随之就通过一场表演秀来确定晋王李治为太子:"[李]承乾既废,上御两仪殿,群臣俱出,独留长孙无忌、房玄龄、李世勣、褚遂良,谓曰:'我三子一弟,所为如是,我心诚无聊赖！'因自投于床，〔长孙〕无忌等争前挟抱；上又抽佩刀欲自刺，〔褚〕遂良夺刀以授晋王〔李〕治。〔长孙〕无忌等请上所欲，上曰：'我欲立晋王。'〔长孙〕无忌曰：'谨奉诏；有异议者，臣请斩之！'上谓〔李〕治曰：'汝舅许汝矣，宜拜谢。'〔李〕治因拜之。"这件事的发生，距魏徵去世仅仅三个月。这一年，太子李承乾二十五岁，魏王李泰二十四岁，晋王李治才十六岁。前两个人已是成熟青年，完全有从政能力，也自然就有了权力欲望。而李治还只是一个青涩少年，即使再过几年，也不过是个二十出头的毛头青年，李承乾、李泰可就不一样了，进入青壮年时期，不可控制。

但不久，太宗又有了改换太子的念头。《旧唐书·长孙无忌传》："寻而太宗又欲立吴王〔李〕恪，〔长孙〕无忌密争之，其事遂辍。"又《旧唐书·太宗诸子·李恪传》："〔李〕恪母，隋炀帝女也，〔李〕恪又有文武才，太宗常称其类己。既名望素高，甚为物情所向。长孙无忌既辅立高宗，深所忌嫉。永徽中，会房遗爱谋反，遂因事诛〔李〕恪，以绝众望，海内冤之。"长孙无忌对于亲外甥的扶立，尚且以是否有利于自己对权力的操控为前提，何况不是外甥的李恪，将其极力排除于太子人选之外，并加以陷害，也就不是什么奇怪的事了。《旧唐书·太宗诸子传》后有"史臣曰：太宗诸子，吴王[李]恪、濮王[李]泰最贤，皆以才高辩悟，为长孙无忌忌嫉，离间父子，遂为豺狼，而[长孙]无忌破家，非阴祸之报欤？"魏王李泰失势后，在贞观二十一年（647），改封为濮王。为排除异己，独掌大权，长孙无忌所陷害之人，尚不止此。

在《旧唐书·宗室传》后的"史臣曰"中有一段总结性的描述："[李]道宗军谋武勇，好学下贤，于群从之中，称一时之杰。[长孙]无忌、[褚]遂良衔不协之素，致千载之冤。永徽中，[长孙]无忌、[褚]遂良忠而获罪，人皆哀之。殊不知诬陷刘洎、吴王[李]恪于前，枉害[李]道宗于后，天网不漏，不得其死也宜哉！"而"史臣曰"中的所谓"永徽中，[长孙]无忌、[褚]遂良忠而获罪"，是指贞观二十三年，太宗去世，高宗李治继位，后在永徽六年（655）废除王皇后而立武昭仪即后来的武则天为皇后事件中，因长孙无忌和褚遂良持极为反对的态度，被贬官流放而死。后来武则天以女流之身先是干政数十年，后又干脆改唐为周而自立女皇帝，这在男尊女卑、等级森严的封建社会里是一个绝对的另类，是大逆不道的行为，自然也不为封建史学家所能接受，便把长孙无忌、褚遂良因反对立武则天为皇后而遭残害的事定性为"忠而获罪"。

不过，人们不禁要问，高宗为什么一定要立武则天为皇后，甚至毫不顾惜曾经极力扶持自己为皇位继承人的亲舅舅呢？当然是与长孙无忌长期地或明或暗，或亲自出头或通过代理人把持朝政，玩高宗于股掌之上有关。到了永徽六年，高宗已经二十八岁，而且做皇帝也有七个年头了，不愿再继续扮演一个傀儡的角色，于是积极寻找帮手，争取摆脱这种局面。宫内的就是既有政治头脑和才干而又有强烈权力欲的武则天，朝中的就是奉迎高宗旨意以谋取更大权势的许敬宗和李义府等。当赞成和反对废王皇后、立武昭仪的两股势力、两个集团的代表人物相持不下而打成平手时，另一看似置身事外、超脱是非的人物如何表态就成了关键。这个人就是自称"山东一田夫"而又为行伍出身的李勣。在高宗当面询问废、立意见时，他竟能比文臣还圆滑地说："此陛下家事，何必更问外人！"意思就是说，这个事既然是家庭内部的事，那就由家长看着办，说了算，不必再询问家庭成员以外人的意见。表面上看起来是既未表示反对，也未表示赞成，但实际上是巧妙地把长孙无忌排除于家庭之外，那他的意见就不必听了。正是这看似模棱两可的话，最终促使高宗下决心立武昭仪为皇后。李勣为什么会有这样一个态度，显而易见，是表示对权倾朝野的长孙无忌不满，使出了权术性的招数而予以打击。这些本来都与魏徵并无关系，却偏偏使魏徵一度成为牺牲品。

魏徵死后的这些政治是非，其实他在生前就已有所警觉，所以，他既站在得保护自身安全的角度而尽量远离这个是非旋涡，又站在维护政局稳定的角度而在所编撰的几部书——《群书治要》《自古侯王善恶录》《礼类》中，以间接的方式表示了担忧，提出了鉴戒，希望能够避免。可惜事与愿违，这两方面都未做到。当魏徵刚刚过世几天，太宗曾说出一段古今人都很熟知的话："夫以铜为镜，可以正衣冠；以古为镜，可以知兴替；以人为镜，可以明得失。朕常保此三镜，以防己过。今魏徵殂逝，遂亡一镜矣！"其实，太宗在这个时候并没有真正能意识到失去魏徵这面明镜的损失有多大！

仅仅几个月后，太子李承乾准备效仿他老父当年的样子而发动宫廷政变的阴谋败露后，事件牵涉到杜正伦和侯君集。据《旧唐书·侯君集传》：侯君集在权利斗争中失意，于心不甘，还想冒险一搏，便与太子李承乾一拍即合，"遂赞〔李〕承乾阴图不轨，尝举手谓〔李〕承乾曰：'此好乎，当为用之。'"据《旧唐书·杜正伦传》：杜正伦长期在东宫担任辅佐劝导太子李承乾之职，却未能尽责而被贬，"后〔李〕承乾构逆，事与侯君集相连，称遣〔侯〕君集将金带遗〔杜〕正伦"。而魏徵生前偏偏曾私下向太宗推荐中书侍郎杜正伦及吏部尚书侯君集有宰相之材，于是，"太宗始疑

［魏］徵阿党"，魏徵便不能幸免地被间接牵连进去了。结果是太宗派人去把树立在魏徵墓前的自己亲手撰文书写的碑石推倒，还把在魏徵病重期间当面许配公主给魏徵之子的婚约也亲手下诏解除了，"顾其家渐衰矣"。

贞观十九年（645）十月，太宗亲率大军出征高丽虽有小胜，可是唐军的死伤也很惨重，在退回辽东的途中，突然想起了魏徵，很懊悔地哀叹说："魏徵若在，不使我有是行也！"此时太宗才真切地体会到缺了魏徵这面"人镜"的损失有多大呀！于是专门派人快马加鞭去魏徵的墓前祭祀，又把碑石扶立起来，并召见魏徵的妻子儿女慰劳一番，赏赐物品。

到了这个时候，魏徵可作为衡量君主纳谏的一把尺子，鉴定臣子进谏的一面镜子，才算是盖棺定论了。对于这把尺子和这面镜子，常常被以后千余年封建社会中的各式统治集团的各种政治人物拿来量人量己，照人照己，当然有的是真量真照，有的是假量假照。虽然，时至今日，社会生活早已发生了翻天覆地的变化，但是，在某个层面的某种程度上，这面"人镜"的借鉴价值和认识意义还是存在的，应该继续利用，认真利用。

第 3 章

以德为本的治国理念

对于任何一种社会政权来说，都有要使天下安定、国家治理的美好愿望，都有要达到长治久安、永远昌盛的理想目标。但这必须通过制定适合时宜、符合国情的具有总揽全局的纲领性大政方针，再配合上有效可行的治理方法和行政措施，上下一心，落实到位，始终一致，贯彻到底，才可能真正得到实现。唐初的"贞观之治"是古代社会在治国理政方面获得比较成功的一个典范。

贞观时期，唐王朝已由马上得天下转入马下治天下的新阶段，太宗热切寻求治国纲领，魏徵便积极配合献策："偃革兴文，布德施惠，中国既安，远人自服。"魏徵的这个十六字治国方针，立即为太宗所采纳，并有效推行。据《旧唐书·魏徵传》的记载，当"贞观之治"的大好局面形成之后，太宗高兴地说："我即位的初期，有的臣子进献施政策略说：'君主必须独自掌握威权，独自运用威权，不能放权给众多的臣下。'有的臣子提出统治方法说：'需要炫耀兵力，大兴军事，用威慑使四周边远部落居民归服。'只有魏徵建议我要'偃革兴文，布德施惠，中国既安，远人自服'。我听从他的这个治国方针后，结果是中原地区大为安宁，极远地方的君主酋长都前来朝贡，经过好几次语言翻译才能沟通的极远地方的民族，也络绎不绝地前来交流。这些都是魏徵提议的功劳。"而这个十六字治国方针的核心则是在"布德施惠"的"德"字上。

古代从先秦开始，有两个词很特别，很突出，一个是"道"，一个是"德"，具有的内涵意义的丰富程度绝非一般词语所能比拟。因为这两个词的概念，是随着社会历史的变化、生活时空的转换在扩展和叠加着，不断地被赋予新的含义。到了清代，仅其中的"德"，就已有一百多种意思了。但就与政治有关系的意思来说，涉及的有"仁爱""仁政""恩惠""德教""教化"等，往往是与"暴政""虐政""苛政"等相对而言的。所以，魏徵提出的作为施政总纲的"德"就是指"德政"，概念还是比较具体而明确的。从严格意义上讲，魏徵虽不是一个政治理论家，更不是一个具有创新性的政治理论家，却是一个颇具个性的政治实践家，这从他与太宗的对话和给太宗的谏言中充分地显示出来了。

魏徵为什么要提议太宗把德政作为治国安民的大政方针？实行德政有什么样的重要作用和意义呢？其实，先秦时期的政治理论就对这个问题有过较形象的说明：用德政统理国家，管理万民，就譬如天上的北极星，在某一位置上闪耀光芒，指示方向，而群星都环绕在它的周围。意思是掌握国家政权的人若实施德政，百姓就会像群星拱卫北极星一样地拥护他。魏徵正是从这一点上提议实行"布德施惠"的德政，将之视为治国安民的良策。

是否真的"布德"了？要以是否真的"施惠"为参照，"布德"要体现在"施惠"上，没有实质性的"施惠"，根本谈不上什么"布德"。所以，有"德"而无"惠"，那只是停留在口头上的漂亮话，毫无意义。基于这样的认识，魏徵在相关的论述中，往往是巧妙地把宽厚的德政和刻薄的暴政放在一起，或在情理上对比，或用史实来对比，以雄辩的说服力，时时提醒太宗要坚定不移地坚持实施德政的信念和信心。贞观十一年（637），魏徵在《论时政第一疏》中，以隋为鉴，先论说德政与国家兴亡的关系，再进而指出有德无德、德深德浅的各种政策与国家长治久安的关系。他说："我看到从古至今那些承受天命开创帝业的人，继承政体而恪守文化传统，控制和驾驭文武英杰，朝南而坐以统治万民。他们都希图能够德行深厚以匹配天地，功勋卓著以等齐日月，子孙昌盛，将帝位一代一代传至永久。然而能善始善终的实在太稀少了，一个接一个衰亡倾覆，这是什么缘故呢？如果认真寻求覆亡失败的原因，那其实就是不懂得那些治国的道理。前朝的教训距我们不远，可以具体说明。过去在隋朝的时候，天下统一，兵强马壮，三十多年里，像狂风一样席卷万里，声威震动远方。一朝全部丧失，都为别人所有了。那位炀帝难道会厌恶自己的天下安宁，不想自己的国家久长，有意像夏桀那样暴虐，好让国家走向覆灭吗？这是他依仗眼前的富强，不忧虑以后的祸患。他驱动天下来满足私欲，用尽万物来侍奉自己，挑选全国的美女，寻求远方的珍宝，一味地装饰宫苑，一味地营建台榭，徭役连续不断，战争永无停止。炀帝在外表上显得庄重严肃，在内心里隐藏险恶猜忌，言行谗邪的人必能得到好处，言行忠正的人都难保全性命。上下互相蒙骗，君臣互不信任，百姓的苦难已不能忍受，全国各地也分崩离析。于是一个曾拥有广大江山的尊贵身躯，惨死在一介匹夫的手里，子孙灭绝，被天下人耻笑，能不痛心呀！盛明的大唐乘势兴起，拯救陷入苦难中的黎民百姓，重新扶正已倾斜的国家基础，重新恢复已松弛的人伦纲常。远方敬畏而近处平安，所用不到一年时间；化恶为善而不用刑罚，无须等到百年以后。现今的宫观台榭，全为大唐皇帝所安居；奇珍异物，全为大唐皇帝所收载；美丽宫女，全侍奉于大唐皇帝；四海九州，全臣属于大唐皇帝。如果能够借鉴隋朝为什么会失去政权的教训，思考我朝为什么会取得政权的经验，一天比一天小心谨慎，即使有美德也不满足，烧掉前朝昏君聚敛的奢侈宝物，拆掉前朝暴君建造的豪华大殿，身居高屋而内心多几分恐惧，身处陋室而内心多几分安宁，那么，神灵暗通契合，达到无为而治，这是上等有德的表现。如果取得前朝的各种物质而不毁掉，仍旧保留着，减省不急需的事务，省了又省。任由茅草屋夹杂于豪华宫殿中，土坯台阶并列于玉石台阶间，力役者即使是心甘情愿地做，也不会竭尽他们的气力，常常想到居住屋室的人是安逸的，建造房屋的人是劳苦的。万民高兴而携带子女朝拜，百姓敬仰而称心如意生活，这是中等有德的表现。如果不把上天的旨意记在心头，不谨慎考虑后果，忘记建立国家的艰难，以为有天命可依仗，忽视淳朴简单的恭俭，追求雕栏画柱的奢靡，在原来基础上再扩建，在旧有器物上再装饰，类似这样的事做了一件又一件，不知道满足，人们看不到德政，看到的全是劳役，这是下等无德的表现。好像用干柴要扑灭火的燃烧，用沸水要制止水的沸腾，用暴政代替乱政，和乱政还是一样的，难以预料是什么样的结果，没有留下什么可以给后世子孙观看的。没有可观的政绩就会有人怨，有人怨便惹天神发怒，天神发怒必会使灾害降临，灾害一旦降临，祸乱必会兴起，祸乱兴起，能保全自身的性命与名声的就很少了。顺应天命取得政权之后，兴起长久旺盛的国运，留传继承至万世，这其中的难以获得而容易失去的道理，不可不好好思考呀！"

魏徵之所以主张德政，太宗也愿意实施德政，这是因为德政有利于统治天下万民，有利于巩固国家政权，有利于江山社稷的长期存在。德政主观上无疑是要为维护封建王朝利益服务的，但客观上也同时多多少少有利于减轻社会下层百姓的负担，有利于社会生产力的发展。这在历史上既有正反两个方面的证据，也有德政实践结果——贞观之治的见证。如贞观初期，魏徵认为百姓的赋税徭役较重，尽管有减免赋役的诏令颁布，但因未认真照办，所以没有起到实际作用，这是徒有其名的所谓德政，于是就此问题向太宗反映，取得由反省历史到正视现实的良好效应。战国初期的魏文侯刚做了魏国的君主，对魏国的百姓征收的赋税猛增了一倍多。有臣子提醒魏文侯："现在魏国的人口并未增加，赋税却大幅度增长，这样的敛财是苛政，就好像炮制皮革一样，炮制得大一些会使皮革减薄，炮制得小一些会使皮革增厚。治理百姓也是这样，不能以苛政来向百姓敛取厚求。"魏文侯受到这个形象比喻的启发，便大大减轻魏国百姓赋税的负担，使生活得到保障，使生产得到发展，使国家得到治理。魏国也在当时各诸侯国中，由弱国转为强国。这个历史故事对太宗大有启示：寓财于民，百姓家财厚实，国家赋税就有保障，虽然薄取，却可以源源不断，最终使得国家财税丰厚起来，德政由此可实实在在显现出来。

直至贞观十六年（642），魏徵已疾病缠身，日益严重，还在向太宗强调要坚持实施德政，以求取得成效。一次，太宗问魏徵说："我克己奉公，一心一意处理政事，仰慕企望达到前人的功业。至于积累美德、增加仁义、建立功业、为民谋利，我这四个方面都认为是首要的事情，并且常用它们来自勉。可是，人苦于不能自己觉察自己的过失，不知道现在的行为是好还是不好？"魏徵回答道："德、仁、功、利，陛下都能兼而行之。对内平定祸乱，对外征服戎狄，都是陛下所建的功业。安抚百姓，使他们各有生计，是陛下所积的福利。由此来说，在功与利方面居多，但在德与仁方面还须努力，一定是可以达到的。"

德政与遵法守法

德政毕竟是一个较抽象的概念，必须通过具体的行政措施和产生的各种结果才能体现出来，仅停留在空洞的认识概念和美好理论体系上是不行的。一旦把以德为本的大政方针确定下来，就得有多方面的配套措施以保障能够顺利地实施。而其中对德政的各项要求能够起到认真执行并贯彻到底的保障作用的是法律体系。遵法就能实现德政，违法就要破坏德政。

魏徵在贞观十一年有针对性地写了一篇《论时政第三疏》，其中对德政与法律之间的利害关系，有较具体而系统的论述："臣看到《尚书·舜典》篇说：'明德慎罚。'又说：'惟刑恤哉!'《礼记·缁衣》篇说：'为上易事，为下易知，则刑不烦矣。上人疑则百姓惑，下难知则君长劳矣。'君上容易侍奉，那么臣下容易了解旨意，国君就不烦劳，百姓就不迷惑。因此君主有纯一的美德，臣子就没有二心，君上广布忠厚的诚意，臣下就会竭尽辅佐的心力，然后天下太平的根基不动摇，像《尚书·皋陶》篇所唱'庶事康哉'的歌咏就会兴起。当今仁道覆盖华夏和四裔，功业高至宇宙，没有人是不想归服的，没有远处是达不到的。但在语言上偏向选择漂亮的话，心志上在乎苛察烦琐小事，惩罚和奖赏的施行，还有所未尽善尽美。刑罚与奖赏的根本，在于劝善而惩恶，帝王使用的刑罚和奖赏之所以天下一致，就在于不能因为亲疏贵贱而改变刑赏的轻重。如今施行的刑罚和奖赏，却未必都是这样。有的伸或屈由个人好恶决定，有的轻与重由个人的喜怒决定。情绪在高兴时就到法律中寻求情有可原之处，情绪在气愤时就到事实之外去寻找其罪过。对待喜爱的人就会像拨开皮肉去发现漂亮羽毛似的，对待憎恶的人就会像洗刮污垢去寻找疤痕似的。丑恶疤痕可以挑剔，那么刑罚就会因此被滥用；漂亮羽毛可以寻求，那么奖赏就会因此变得谬误。滥用刑罚，小人的胡作非为就会增多；奖赏谬误，君子的正确主张就会减损。小人的罪恶不惩罚，君子的美善不勉励，而希望社会治理安宁而刑罚停止不用，还没有听说过。在悠闲清淡的时候，都崇尚孔子和老子的理论学说；到逞威发怒的时候，就采用申不害和韩非的刑法思想。做事正直的人，往往会被多次撤职，以损人来追求利己的人，也就越来越多。所以，道德的宗旨还没有弘扬，刻薄的风气就已煽起。刻薄的风气煽起以后，下层社会就弊端百出，人们竞相趋向一时风气，典章制度就无法统一，用古代圣王的德行风度来衡量，实在有损君王的德业。过去的伯州犁玩弄作弊手段，楚国的法令就混乱了；汉代的张汤根据自己的心意决定量刑的轻重，汉朝的刑律就被破坏。仅是人臣的偏颇邪僻，尚且不能揭露欺骗蒙蔽，何况是人君的任意使用国法，百姓将会更加手足无措！凭皇上这样的圣明，没有什么隐幽微小的东西不能明察，难道神思有所不到，智慧有所不通的吗？其实是安于眼下的安宁，不再考虑慎重刑罚之事；乐于眼前的欢愉，于是忘记先吉后凶的乐极生悲之变。祸与福相辅相成，吉和凶是相连相接的，它们的到来完全是因人所招，怎么可以不考虑呢？近来被责罚的人渐渐增多，皇上发威发怒也渐渐严厉，或者因为供应的用品不丰厚，或者因为建造的宫室不满意，或者因为使用的器物不称心，或者因为侍奉的人不灵活，但这些都不是国家治理上的当务之急，确实让人担忧滋生出骄纵奢侈。由此可知古人所说'尊贵不以骄傲为警戒而骄傲自然来到，富裕不以奢侈为警戒而奢侈自然来到'，并不是空话。"

法律条文制定得再好，如果执行得不好，等于没有法律制度。没有了这个保障，要实现德政，只是一种空想。有了明确的法律条文，就得严格遵守，不可违犯，尤其是制定和颁布法律的人，要带头遵法，不可违法。魏徵认为这是保证德政实施的一大关键，所以，在论及这个问题时，既有列举具体事例以自明的方法，也有摆出深刻道理以说明的方法。

魏徵在《理狱听谏疏》中说："臣听说要论起道德的深

厚者，没有能超过黄帝、尧帝的；要论起仁义的崇高者，没有能比得上舜帝、大禹的。想要继承黄帝、尧帝的风范，准备追循舜帝、大禹的业绩，必须隆重推行道德，弘扬仁义，提拔善才而任用，择取善言而听从。不能选拔善才任用贤能，而委托凡庸的吏员，他们没有远见，必会使国家大体丧失，只会用严峻的法律绳索，以捆住天下的人，要想取得无为而治，是不可能的。所以圣贤的国君治理天下，移风易俗，不任意使用严刑峻法，在于用仁义而已。所以，不是仁就没有什么可以广泛施行，不是义就没有什么可以端正自身。向天下人施行恩惠靠的是仁，端正自己的身心靠的是义，那么，国家行政不用严苛就可以治理，国家教令不用严格就可以成功。由此可见仁义是治理的根本，而刑罚是治理的辅助手段。为了治理而用刑罚，就像赶车而使用鞭子。人们都服从教化，那么刑罚就无所施行了；马能尽力奔跑，那么鞭子也就无所使用了。由此而言，刑罚不可能达到治理的目的，也是很明显的。一定要使得打官司的人不再想打官司。用礼引导，一定使百姓的性情淳厚明亮。百姓相互敬爱，就不会产生彼此伤害的想法，做事就想到义，便不会蓄积奸邪的心思。如果真这样了，并非是法律令文所做到的，而完全是道德教化所达到的。圣人很看重道德礼仪而看轻刑罚，所以舜帝首先命令大臣契推行父子之亲、君臣之义、夫妇之别、长幼之序、朋友之信的五教，而后才让大臣咎繇（也称皋陶）设置墨、劓、剕、宫、大辟的五刑。立法的目的，不是专为苛察处治百姓短处和惩罚过失错误，而是用来预防奸恶，补救祸患，约束淫邪，以归入正道。人们受到好的教化，就会怀有君子之心；受到恶政的统治，就会产生邪乱之意。所以，好的教化对百姓的养育，就像酿酒工所用曲糵一样。全国之民，如同处于一样的庇荫，平民之似，如同发酵的豆麦一样，行为上的发展变化，全在于统治者如何作为啊！遇到好的官吏，就心怀忠信而行为仁厚；遇到坏的官吏就心怀奸邪而行为浅薄。忠厚积累起来，就可达到太平；浅薄积累多了，就会招来危亡。因此，凡是圣明的帝王，都看重道德教化而看轻威严刑法。所谓的德，是用来要求自己的；所谓的威，是用来管束别人的。人的成长变化，就像在炉中冶炼金属，方圆厚薄的形状，随着熔铸模型来确定！因此，世事的善恶，民风的厚薄，都在于一国之君。世上的君主如果真能使全天下所有的人，有感于忠厚的真情而没有浅薄的恶习，个个奉献公正的赤心，而且没有奸险的邪念，那么，淳朴的民风，又可以在现今恢复了！后来的帝王即使不能遵循古法，专门崇尚仁义，但也应当慎重地运用刑典，力求公正无私。因此，春秋时协助齐桓公治理齐国的重臣管仲说：'圣明的君主治理国家是用法度而不用诈术，用公正之道而不用徇私之情。'所以能称王天下，治理国家。贞观初年，陛下您全身心地维护公道，人们一旦违法乱纪，都是依据法条办理。即使发生临时判案有轻重偏差，只要看到臣下的秉公奏论，没有不愉快地接受采用的。百姓知道定罪量刑出于公正无私，所以心悦诚服而不埋怨；臣下看见直言进谏并没有触犯得罪的后果，所以更加尽力而效忠。可是近些年来，陛下您的内心渐渐滋生严苛的倾向，虽仍有网开一面的宽容，但已产生过分苛刻严明的行为，于是根据好恶之心进行判断取舍，按照喜怒之情决定赏罚轻重。对于喜爱的人，罪过即使再大也要勉强为他寻找开脱之辞；对于厌恶的人，过失即使再小也要故意给他找出判刑之罪。执法失去了明确的定罪条文，凭着心情的好坏来减轻或加重罪名。别人对此有不同看法而直言进谏，就怀疑是做伪证徇私情。因此，受罚的人无处喊冤申诉，知情的官员不敢公开直说。不是想着说服人的心，只是想着堵住人的口，想要强加上罪名，哪里还会没有理由呢？……因此，三国时的魏国大臣杜恕在《体论》一书中说：'凡属淫乱盗窃的行为，都是百姓憎恨的，我顺从他们的心意而予以处罚，即使处罚得过重失当，百姓也不认为我残暴，是由于我的公心。凡属无婚姻无家庭无饭吃无衣穿的处境，也都是百姓痛恨的，如有人为摆脱困苦而触犯法律，我顺从他们的心意而进行宽大处理，百姓也不认为我偏私，是由于我的公心。我所加重处罚的，是百姓憎恨的事，我所从轻处罚的，是百姓同情的事。正是这个缘故，奖赏微薄却能劝导行善，刑罚减少却能禁止作恶。'这样说来，把公正之心用在执法中，没有哪里不合适，过于轻罚也是可以的。把徇私之情用在执法上，没有什么是可以的，因为过于轻罚就会助长作恶，过于重罚就会伤及行善。圣人对于执法自然是用公心了，然而还是担忧哪里会出现不公正，从而用德育教化来加以补救，这是上古时期的帝王特别关注的。后世掌管刑法狱案的人就不是这样的：还没有审讯犯人，就先作出主观判断而拟定罪行，等到审讯时，就强迫、诱使犯人供认预先拟定的罪行，还说这种审讯人员是能才；不追查犯罪的缘由，生硬地给犯人分类定罪，然后探寻求取君主的内心旨意作为量刑依据，还说这种审理是出于忠诚。他们当官任职是这样的一种能干，他们服事君主是这样的一种忠诚，那么他们的名和利也都随着这样的行为取得，他们再由此进而驱使百姓陷入法网，却想着期望道德教化能够大兴，也很难了。凡听取诉讼审理案件，必须依据父子的亲情，树立君臣的大义，权衡轻重的次序，推测深浅的程度，亮出他的聪明才干，付出他的忠厚仁爱，案件有疑点就和大家一起讨论。存在疑点就从轻量刑，是出于慎重。所以舜帝告诫咎繇说：'你作为一名官吏，在量刑的时候要心存怜悯。'又规定案件要通过质询群臣、质询群吏、质询万民的三次预审，大家说好了，然后才定案。由此可见，处理法律案件，也要参考、顾及人的情意。所以《左传·庄公十年》中说：'大大小小的案件，虽然不能一一洞察，但必定按照实际情况处理。'但是，那些世俗的又拘泥愚昧又苛刻的官吏，认为凡处理案件一旦顾及人情的就是收取钱财，就是用爱憎判案，就是包庇亲戚，就是陷害仇家。为什么世俗小吏眼中的人情，和那些古人眼中的人情有那么大的悬殊呢？有关部门因这样认识人情而怀疑主管的官吏们，君主因这样认识人情而怀疑有关的部门，这种君臣之间、上下之间都在互相怀疑，却想着他们能够竭尽忠心树立节操，太难了。大凡审理案件的原则，必须以犯罪的事实作为主要审理对象，不严刑逼供，不节外生枝，不重在牵扯出许多头绪，用这些显示聪明，所以从法律上制定，检举弹劾的正确方法是要多方面验证供词，为的是求得实情，并不是为了好看而装饰实情。应当竖起耳朵多方面地听取案情，不要使刑狱小吏们篡改事实捏造理由而构成判案文书。孔子说：'古代审理案子，为犯人寻求轻判活罪的理由，如今天审理案子，为犯人寻求重判死罪的理由。'所以，用断章取义的方法来破坏法律条文，用随意选取先前的案例来替代法律条文，用邪门歪道的手段来妄加罪名。……原则上奖赏应适当从重，处罚应适当从轻，怀着宽厚仁心对待赏罚，是历代帝王的通行规则。刑罚是轻还是重，恩情是厚还是薄，受人思念还是被人痛恨，这样产生的效果，怎么可能同日而语嘛！况且法律作为一种制度，就像是国家治理的衡量器、社会时事的标准线。衡量器是用来确定轻重的，标准线是用来校正曲直的。现今制定法律的重要原则虽在于宽容平缓，给人定罪时却要严苛残酷，任由情绪的喜怒判死罪，量刑的高低在于心情的好坏，这就等于舍掉标准线却要校正曲直，抛开衡量器却要确定轻重。不也太令人迷惑了吗？诸葛亮只是小国的一位丞相，还说道：'我的心如同一杆秤，不能因人而改变轻重。'何况是大国的君主，正处在像唐尧、虞舜时的太平盛世，却要放纵心性抛开法律，自取怨恨于百姓呢？"

魏徵在这里表达的中心意思是：为保障德政能够顺利地具体实施和普遍实现，就必须公平地执行法律和严格地遵守法律，不可因在执法中出现犯法、守法中出现违法的行为而破坏动摇德政的根基。这是与唐初在先后修订《武德律》《贞观律》及《永徽律》时以"德主刑辅"为立法思想相呼应相一致的。不仅在法律条文的制定上有所体现，而且在社会生活的实践中有所成效。对此，《新唐书·刑法志》有高度概况性的总结："太宗以英武定天下，然其天姿仁恕。初即位，有劝以威刑肃天下者，魏徵以为不可，因为上言王政本于仁恩，所以爱民厚俗之意，太宗欣然纳之，遂以宽仁治天下，而于刑法尤慎。四年，天下断死罪二十九人。六年，亲录囚徒，闵死罪者三百九十人，纵之还家，期以明年秋即刑；及期，囚皆诣朝堂，无后者，太宗嘉其诚信，悉原之。"从以下所看到的一些事实，也可以证明贞观时期人们能相对较好地遵守法律。

濮州刺史庞相寿原是太宗未做皇帝之前的秦王府亲信，贞观三年（629）因贪污公家钱财而受到免职的处分。但他明知道自己的行为是犯法，被法律追究责任是应当的，却不思悔过，竟厚着脸皮亲自向太宗求情，请太宗念及过去在秦王府卖命效力的面子，予以怜悯，给以宽恕。太宗还真被故旧之情所打动，便不顾法律的公平尊严，徇起了私情，打算恢复庞相寿的官职，并派人转告他说："你过去为我出过力，现在拿了不该拿的财物，只是出于太贪。我赏赐你一百匹绢，复职以后，希望不要再做贪污的事。"太宗以赏赐财物来羞辱他，讥刺他的不知廉耻，等于把这个贪官的违法犯罪，改成只是一种错误行为，把法律制裁视同儿戏。魏徵就此事向太宗严正地指出："庞相寿是个出了名的贪官，现在仅因私情就免了他的贪污罪，不但给了优厚的赏赐，还要让他官复原职。其实，从庞相寿犯法后的表现看，根本就没有认识到自己的行为可耻，本性难改。况且，过去秦王府的故人旧友还很多，如果大家都依仗这种私人恩情获得庇护，便会使清廉的官员感到寒心。"太宗一听，对呀！如果以区区私情就轻易地损坏了德政，后果当然会很严重。实现德政的理想再好，没有良好的吏治，没有廉洁守法的地方官去认真做，只能落空。于是他便改变了态度，把庞相寿叫到跟前，对他说："我过去做秦王，只是一个王府的主人，如今做皇帝，是全天下的主人，不可对王府旧恩有所偏向。先前要让你复职，大臣说若使你重新担任刺史，就会使那些清廉的官员不再以清官为荣了。大臣所坚持的既然是对的，那我就不能顾及私情了。"庞相寿默默无言，流泪离开。

　　贞观四年，太宗与大臣们论及在隋朝时的情景，魏徵对答说："我过去在隋朝，曾听说有盗窃案发生，炀帝派于士澄追捕。只要发现有疑似行迹的人，就抓起来严加拷问，被迫含冤承认自己是盗贼的有两千多人，炀帝下令在同一天斩杀处决。大理丞张元济感到奇怪，试着查寻案情，竟然发现其中的六七人在盗窃案发生的时候，先前是关押在别的地方，盗窃案发生后才放出来，也被审问，受不了拷打的痛苦，屈招自己参与了盗窃。张元济因此而进一步地追究查寻案情，发现这两千人中只有九人在案发当日的行踪不明。有官吏认识这些人的，证明九人里有四个不是盗贼。有关部门的官员因为炀帝已经下了斩杀处决的命令，就不把真相再奏报上去，两千人一同被杀掉了。"太宗说："不仅是炀帝无道，臣下也不尽心，应当匡正谏诤，不避招来杀身之祸，怎能一味地谄媚奉迎，苟且地讨求皇上的个人欢喜和私心赞誉？君臣都是这样，怎么能不失败？我依靠你们共同辅佐，就能使监狱空虚无人犯，希望你们能善始善终，永远像现今的样子。"

贞观七年，太宗第六个儿子蜀王李愔的岳父杨誉作为在职官员争着要买被官府判罪而抄家犯人的奴婢，都官郎中薛仁方因此而拘留他审问，还未作出判决处理。杨誉的儿子担任千牛卫禁军侍卫武官，趁方便就在殿庭上向太宗告状，说："五品以上的官员如果不是犯谋反叛逆之罪就不应该被拘留，因为我父亲是皇亲，薛仁方故意另生枝节，不肯判决结案，拖延拘留时间。"太宗听了，发怒说："知道他是我的亲戚，还有意做这种刁难！"立即下令杖责薛仁方一百下，免去担任的官职。魏徵对此进谏说："城墙上的狐狸和社庙里的老鼠原本都是小东西，因为它们有所凭借依恃，因此在要除掉时尚且很不容易，何况是世家贵戚，自古就号称难管理。汉、晋以来，都不能控制管住，武德年间，因是皇亲而大都骄纵。陛下您继位以后，他们才开始收敛。薛仁方既然是职责所在的主管官员，能为国家守法，怎么可以无根无据地加以惩罚，而成全皇亲国戚的私欲呀！这个源头一开，万种事端争相并起，以后必定要悔恨，将会是后悔不及。自古能禁止断绝皇亲国戚非法行事的，只有陛下您一人。预防后患的产生，是治理国家的永恒之道。怎么可以在水尚未泛滥的时候，便准备自毁堤坝呢？臣私下再三考虑，都认为不能这样做。"太宗说："确实如您所说，此前没有认真考虑。然而薛仁方随意拘留人而不审问，很是专权，虽然够不上重罪，也应当稍加惩处告诫。"于是下令只杖责二十而不罢免官职。

贞观八年，桂州都督李弘节死后，他的家属出卖珍珠。太宗一听说，立刻起了疑心，在朝堂上大声责问："这个人生前，宰相们都说他为官清廉，他的家属既然在出卖珍珠，可见他并不清廉。当年举荐他的官员，难道没有失察的罪过吗？"便下令追究法律责任。魏徵说："陛下您平白无故地怀疑这个人不清不白，却并没有见到贪财受贿的证据，现在只是听说他的家属出卖珍珠，就准备归罪举荐过他的人，我不知这样做有什么意义。自从本朝建立以来，为国尽忠、廉洁守法、始终不变的，只有屈突通和张道源二人。屈突通的三个儿子来京城赶考，轮流乘一匹瘦弱的马，张道源的儿子穷得都快活不下去了，却未听到陛下您有一次提及他们。如今李弘节为国立功，前后受到过许多次奖励，做官期间，始终没听到过有贪赃枉法的行为，家属出卖珍珠，并非有罪。仔细看看，陛下您对真正是清官的并没有安抚慰问，对怀疑是贪官的却要牵连问罪推荐的人。虽说这是陛下您出于痛恨贪官之情，但也显示出陛下您少了关心清官的诚意。我思前想后，都觉得没有道理要这样做，恐怕有见识的人听说这个事后，必定会发出各种议论。希望陛下您加以留心，再考虑考虑。"太宗听了魏徵语重心长的劝说，懊悔地拍着手掌说："轻率欠思考，就脱口说出了这样的话呀！"

庞相寿贪赃枉法被宽容，李弘节廉洁守法受猜疑，贪官不受惩处，清官不被关怀，有法不依从，违法不追究，定罪无根据，判刑无凭证，整个官场一旦形成清浊不分的乌烟瘴气，即使有心想实施德政，也会无力去实现德政。连聪明一世的唐太宗都连连出错，稍不注意，就将从各方面损及德政，可见要实现德政是多么难的一件事！好在有像魏徵这样正直谏官们的辅佐，使代表着一代德政的"贞观之治"终有所成。

德政与进谏纳谏

以德为本的治国方针一旦制定，政策路线一旦划定，就得要沿着正确轨道前行，才能最终取得成功。但实现德政的道路，却并非坦途，会时时偏离正道，误入歧途，走上邪路。这就要注意时时改正方向，处处修正脚步，一旦发现离开了轨道，便及时纠偏，回归正道，继续前进。这就要求君臣共同维护正确的路线，齐心走在正确方向的道路上，一旦离开正路，偏向邪道，臣下有责任及时发现而进谏匡正，君上有诚心立即听取而纳谏改正。进谏与纳谏是一对矛盾统一体，因有矛盾，所以不容易做到和谐统一，往往因进谏与纳谏而挑起君臣冲突。臣下敢于进谏，君上却不愿纳谏，这不成；君上愿意纳谏，而臣下不敢进谏，这也不成；臣下的进谏方法不适当，君上的纳谏态度不端正，这同样不成。只有臣下既敢于进谏，又巧于进谏，君上既勇于纳谏，又精于纳谏，才会把矛盾的统一体变成和谐的统一体。

比较而言，纳谏比进谏更难，因为皇帝拥有至高无上的权力，为了维护自己的威严，往往不能放下架子虚心纳谏，听与不听和听得进去与听不进去的随意性很大。而"贞观之治"实施德政比较成功的一个关键因素，就是贞观时期的君臣有真心纳谏的，有赤胆进谏的。唐太宗对臣下讲过自己年轻时的一个故事，表明他是愿意虚心听从谏言的。他说道："我小时很喜欢弓箭，自以为知道了弓箭的所有奥妙。近来又得到十多把良弓，拿给制造弓箭的工匠鉴定，工匠说这些弓都不是用好材料制作的。我问是什么缘故，工匠说：'木心不正，木材的纹理必定歪斜，这些弓虽刚劲有力，但用它发射出去的箭不直，也就射不准目标，当然不能算作良弓。'我这才弄明白什么是良弓。我以弓箭平定天下，使用过的弓箭可说是很多了，但还不算是真正懂得弓箭。况且我取得天下的时间不长，对统治国家的道理还没有对弓箭知道得多。在判断弓箭时尚且出错，何况治理这么大个国家！"说明太宗很明智，意识到任何人的知识终究有限，不能全部知道天下的事情。由此也自然明白实施德政并要实现德政，既不是凭一人之力能做到的，也不是某个少数人的集团所能做到的，必须君臣一体，上下齐心，在上虚心纳谏，在下直言敢谏，集思广益，群策群力，这才能做得到。

　　但是，进谏的具体政治环境较为复杂，做起来也不容易，这由下面魏徵与太宗的两段对话可以了解到。贞观十五年（641），太宗询问魏徵："近来朝中大臣都不辩论政事，为什么呀？"魏徵回答说："陛下您虚心接受臣下的谏言，原本应该是有直言政事的。但古人也说：'有谁不受信任却进谏，就会被皇上认为是在诽谤自己；有谁受信任却不进谏，就会被认为是白拿俸禄不做事。'可是人的才能气量是各不相同的。性格懦弱的人，心怀忠诚而不知应该怎样进谏；关系疏远的人，担心不被信任而没有适当时机进谏；贪恋官位俸禄的人，想的是会对自己不利而不敢进谏。所以面面相对而沉默不言，应付着混日子。"太宗说："确实如你所说的。

我常常在想，人臣想要进谏时，动不动就先担心杀身之祸，这和跳进大锅被煮死、冲向刀刃被斩杀，又有什么区别呢？因此那些忠贞的臣子，并不是不想竭尽忠诚报国。只是竭尽忠诚的事，做起来是极为困难的。所以，大禹听到善良的谏言就会向对方表示感谢，还不正是因为这一点呀！我如今便敞开怀抱，接受各种诤谏。你们再不要因为惧怕，就不敢畅所欲言。"

贞观时期，魏徵既是实施德政的提倡者，又是实现德政的参与者，既有勇气敢于进谏，又有智慧巧于进谏，救补匡正有损于德政的种种弊端，为"贞观之治"的良好局面作出了很大贡献。

贞观六年，五谷丰登，国泰民安，边境安定，异邦朝贡。在一片繁荣昌盛的大好局势下，地方官员纷纷上疏，请太宗封禅。所谓封禅，是古代帝王祭祀的大典，封是祭天，禅是祭地。当时人们认为泰山是天下最高的山，而最高的统治者皇帝应当到这座最高的山上去祭天，以报天之功，并在泰山脚下一个叫梁父的小山祭地，也报地之功。第一个举行封禅大典的皇帝是秦始皇，以后，历代自以为有作为的帝王都把进行封禅当作非常隆重的国家大典，用来显示他的宏伟功业。于是，在朝中群臣不断唱赞歌、颂功德的频繁鼓动下，太宗也有些动心，想要去泰山举行封禅大典。但是，魏徵认为不可。太宗就问魏徵说："你不愿我去泰山封禅，是因为我的功业还不高吗？"魏徵回答说："陛下您的功业够高的了。"又问："是因为我的仁德不够深厚吗？还是因为周边的外族人没有归顺呢？"又答："陛下您的仁德够深厚的了。周边的外族人也已经归服了。"又问："是因为粮食没有丰收吗？还是因为祥瑞没有出现呢？"又答："粮食大丰收了，祥瑞已经出现了。"又问："那么为什么我不可以去泰山封禅呢？"魏徵回答说："陛下您虽然功高，但百姓尚未完全感受到恩泽。仁德虽厚，但恩泽还未遍及人间。中原大地虽已安定，但还不足以承受封禅大典的巨大负担。远方异邦虽已臣服，但还不能满足他们的要求。祥瑞虽已出现，但刑网依然很密。粮食虽连年丰收，但仓库仍不充实。所以，我认为不可封禅。我不能用过去的事作比喻，暂且借人打个比喻。有人长期患病，身体虚弱得很，经过精心疗养，虽然病已痊愈，但还瘦得皮包骨头。这时，如果叫他背上一石米，每天走一百里路，一定办不到。今承隋末大乱之后，陛下如同一位高明医生，经过对国家的精心治理，解除了百姓的疾苦。目前，国家虽已安定，但还不充实，现在就去泰山祭天地，宣告大功已成，我私下有些怀疑。而且，陛下东去封禅，万国首领一定来此集会，远地的外族酋长也要随从左右，可如今的实际情况是从伊水、洛水以东，直到大海、泰山，人烟稀少，荒野无边。这不是要把他们引来窥探我们的虚弱吗？况且，对远来的客人，就是竭尽财力赏赐，恐怕也难满足他们的欲望，而对百姓就是免除几年的徭役，也补偿不了举行封禅使他们付出的劳役。如果遇上水旱之灾，风雨之变，使百姓怨声载道，即使后悔也来不及了。"太宗一听，意识到封禅不合时宜，便打消了这个念头。

贞观八年（634），在陕县担任县丞的皇甫德参上书议事触犯太宗，太宗认为他是在诋毁诽谤。魏徵为此进谏说："过去贾谊给汉文帝上书议论当代政事，其中有'可为痛哭者一，可为长叹息者六'的话。从古以来臣子上书，大多是言辞激切的。如果不激切，就不能打动君主的心。言辞一激切就确实近似诋毁诽谤，只是在于陛下您仔细审察是不是了。"太宗说："除了你没人能讲出这番道理。"便下令赏赐皇甫德参绢帛二十段。

魏徵直言的例子，除此之外，还有许多。如贞观十二年的一天，太宗兴致勃勃地问魏徵："你看近来政治情况怎样？"魏徵觉得天下太平已久，太宗思想有所松懈，因而回答说："陛下您在贞观初年，主动引导臣下直言国事，三年以后，对直言不讳的臣子和事情还是带着喜悦的心情接见、听从。可是近一段时期以来，只是勉强地接受，而内心里觉得不舒服。"太宗一听，大吃一惊，立即追问有何根据。魏徵说："陛下您继位之初，判处元律师死罪，大理少卿孙伏伽进谏，认为按照法律条文不应当判处死罪，陛下您就把价值百万的兰陵公主的园子赏给他。有人不理解陛下您的用意，认为赏赐太重。陛下您却说：'我登上帝位以来，还没有人直言劝谏，所以才重赏孙伏伽。'这是引导群臣积极进谏。后来，徐州司户参军柳雄伪造在隋朝的做官资历，经主管部门揭发检举，要处以死刑。当时的大理少卿戴胄认为这还够不上死罪，依照法律是应判处服劳役的。经过戴胄多次的据理陈述，终于免了柳雄的死罪。当时陛下对戴胄说：'你如此为国守法，法官就不敢滥施刑法了。'这时能愉快地接受进谏。可到了最近，皇甫德参上奏说：'修洛阳宫，是劳民伤财；收取高额地租，是苛剥百姓；现在妇女流行梳高髻，是从宫中传出来的。'陛下非常气愤地说：'这个人是叫国家不役使一个人，不收取一粒粮食，宫女都不长头发，他才称心如意。'当时，臣曾上奏劝谏：'人臣谈论国事，不激烈直率，就不能引起人主的重视。'陛下您虽听从我的谏言，赏赐皇甫德参一些绢帛，但心底里并不舒坦。这就是陛下您难于听从直言劝谏的明显例证。"对魏徵所举的事例，太宗深有感叹地说："如果不是你，谁能说出这样直率的话，一个人真是难于知道自己！"而魏徵直言进谏，大都能体现出见微知著、高瞻远瞩的特点。

魏徵不仅就事论事地针对在德政实施过程中发生的现实问题及时进谏，而且还由远及近、远譬近喻地以历史上的人物和事件当作镜子来巧妙进谏。

　　先秦在古代是充满丰富内涵的一段历史时期，不仅有朝代的更替、诸侯的争霸、国家的兴盛和衰亡、英雄的崛起和沉沦，而且还有思想活跃的圣贤辈出、思辨睿智的谋士群涌、百家争鸣的政治观念、流派纷呈的理论学说。这些都使得后世的有识之士可以不断地从中汲取吸收各种各样的治国经验、理政教训、文化精华、思想智慧，从而为各自的政治谋略、辩论观点、献策游说、劝谏进言等，寻找具有说服力的历史依据和可信佐证。魏徵就很善于在进谏的策论中，或在劝谏的辩论时，引用先秦时期人事和学说中的正反经验，总结教训，常常能达到事半功倍的效果，获得令人满意的结果。

　　太宗曾当面向臣下提出治世与乱世的问题，魏徵一开口就直奔主题，回答得很干脆：天下没有常乱之世，常乱之国，也没有不能治理的百姓，关键是各个朝代的君主在治国理政的根本方针上是用德政，还是用暴政。紧接着，魏徵便引经据典，借用先秦历史作为阐明自己观点的立论依据。他认为，夏朝的开国君主大禹和商朝的开国君主汤武王实施了德政，国家便得到治理了；而夏朝的亡国之君桀王和商朝的

亡国之君纣王却反其道而行之，实施了暴政，国家于是大乱
了。西周的前期君主文王和武王实施的也是德政，于是天下
安定，国家治理；而西周后期的幽王和厉王也同样改用了暴
政，于是天下动荡，国家大乱。古代凡是明智的国君，克己
而不怪罪别人，责己而不苛求臣下。由于夏禹王、商汤王
经常检讨的是自己，因此树立丰功伟业，国家兴盛；而夏桀
王、商纣王经常怪罪的是他人，因此种下恶果，国家灭亡。
古代凡是圣明的帝王，都鼓励进谏，希望知道施政的过失。
于是，尧帝设置敢谏之鼓，舜帝树起诽谤之木，商汤王建立
记载过失的史官制度，周武王书写提醒、警戒的座右铭。最
后，他自然而然地启发了太宗对实施德政与纳谏从谏关系的
反思，从而引入对现实问题的深思。

贞观十六年（642）的一天，太宗当面向侍从大臣发出
两个疑问，提出两个问题。太宗对侍从大臣说："有的时代
是君主在上昏庸乱政，臣子在下用心治理；有的时代是臣子
在下庸碌乱政，君主在上励精图治。如果遇上这两种情况，
哪一种更为严重？"魏徵对答说："君主有心并用心治理，自
然就照映出臣子在下的过失。诛杀一个奸佞之臣就可以规劝
众多的臣子，谁敢再不畏惧圣上的威严而尽忠尽力？倘若君
主在上昏庸暴虐，不听从忠诚的谏言，即便有像春秋时虞国
的贤臣百里奚、吴国的忠臣伍子胥，也无法挽救国家的祸

患，败亡也就随后而至。"太宗说："如果一定是这样，北齐文宣帝在上昏庸残暴，宰辅杨遵彦在下用正道扶持他使国家得到了治理，又是为什么呢?"魏徵说："杨遵彦用弥补暴君的过失，来救治百姓的痛苦，才得以免除祸乱，但处境也是很艰难困苦的。这和君主在上威严明察，臣子在下畏惧法律，正直的意见与正确的劝谏都被听信采纳，是全然不能相比的。"魏徵在这里的从容回答中，仍用以古喻今的引导式方法，不仅举出古代史事，而且举出近代人物，有理有据，可以使太宗在不知不觉中对照现实政治，深入思考自己提出的两个问题。

魏徵举例所说的历史故事是：春秋时期的贤臣百里奚，原本在虞国任职，很有见识。有一年，当晋国提出从虞国借用道路前去攻打虢国的请求时，百里奚已明白晋国心怀鬼胎，其目的完全是要一举两得、一石二鸟，也就是晋国的军队路过虞国而灭了虢国，等到返回时，肯定会顺路灭了虞国，因为虞国与虢国是一种唇亡齿寒的关系。但当时虞国的君主很昏庸，尤其不愿听忠谏之言，所以，百里奚知道自己即使进谏也无用，又不想成为亡国之臣，就投奔了秦国，后来在那里做出一番事业。果然，虞国被晋国借道返回的军队给顺手牵羊式地灭了。

魏徵似乎意犹未尽，又举一历史故事，是说春秋时为吴国立下显著功绩的伍子胥是一位贤能大臣，辅佐吴王夫差打败了越国。当越王勾践请求媾和并要求返回越国而做吴国附庸时，伍子胥很了解勾践的为人，知道他不会甘心于失败，眼下对吴王表现出逢迎阿谀、奴颜婢膝的可怜相，只是装出来的，以后肯定是要在暗中积蓄力量，加紧准备，伺机报复，于是极力劝谏，吴王不听。后来，吴王自恃国强，骄横自大，要出兵攻打齐国，伍子胥又极力进谏劝阻，吴王不但不听，还赐给宝剑，命令伍子胥自杀。越王经过许多年卧薪尝胆式的自励加伪装，骗过吴王，到这个时候乘机一举就打败了吴国。这一次轮到吴王想媾和，越王却坚决不从，吴王只好自杀，吴国灭亡了。

魏徵回答第二个问题时所说的历史故事发生在北朝齐国。北齐文宣帝高洋为人比较残暴，却能信任大臣杨遵彦，常常听从忠谏，从而或多或少弥补了文宣帝残暴行为对齐国政局造成的不利影响。

针对太宗提的两个问题，魏徵以两个惨痛教训和一个侥幸免灾的历史事实，做了虽有点兜圈子却令人深省的回答，用意在于借古喻今，提醒太宗，有臣下的进谏远不如有君上的纳谏，君主的能否纳谏，关系到国家的存亡。虞国和吴国即使有百里奚和伍子胥这样的贤才卓见之臣，无奈两国君主不能纳谏，不听忠言，导致国破家亡。北齐文宣帝本来是残暴的君主，但仅仅因为有愿意纳谏这一个优点，幸运地使齐国不致大乱。

历代从无不听臣下讲话、不让臣下进谏的君主，关键问题在于什么样的君主爱听什么样的话和谏言，相信什么样的话和谏言。良药苦口，忠言逆耳，道理很简单，人人都明白，做到不容易，个个要犯难。阿谀奉承的话和劝谏很悦耳很好听，君主大都容易听得进去，尖锐批评的话和劝谏很刺耳很难听，君主大都不容易听得进去。而有社会责任感和道德良心的臣子，大都敢于冒犯帝王威严，直言进谏；而只考虑个人利益和不负政治责任的臣子，大都揣摩帝王心意，逢迎献媚。于是，在下有两种臣子说的两种话，在上只有一个君主听两种话，是既听良苦用心的难听话，又听用心不良的好听话，然后作出正确的判断而加以采纳，还是只听用心不良的好听话，拒听良苦用心的难听话，根本不作判断地朝错误的方向走？对于有意愿实施德政的贞观一朝的君主来说，这就涉及太宗是否能够正确纳谏的一个延伸性问题，即兼听与偏听。兼听则明，能够听取针对德政实施进程中所出现问题发出不同声音的谏言；偏听则暗，只听取那种不管对德政的实施有没有影响而只要心里感觉舒服的话。

先看发生在贞观初年的一件由于兼听而避免了一次劳民伤财损及德政的事。

隋末天下大乱，岭南地区的高州（今广东高州、茂名一带）有两位酋长冯盎和谈殿各自占据地盘，常常发生武装冲突，互相攻打，至贞观元年（627）九月，已有许多年未进京朝贡了。当地州县的官员前后十多次派人向朝廷报告，说冯盎造反了。这时，太宗听信了一面之词，便下令派遣将军蔺谟召集并率领江南、岭南地区十几个州的兵士准备前去征讨。魏徵知道后，对冯盎造反消息的确切性和可信度很是怀疑，于是对太宗说："中原地区刚刚稳定，还是满目创伤，没有恢复元气，岭南地区有瘴气瘟疫，山高水深，道路崎岖。一旦大军出动，如果粮饷运输受阻，再发生病疫，战事失利，那就要后悔莫及了。况且所传冯盎造反的消息是否属实，还有待探查清楚，造反的事实并未形成，大军暂时不适宜出动。"太宗说："朝廷任命、派驻当地的官员络绎不绝地送来冯盎造反的报告，怎么能说造反的事实没有形成？"魏徵便对自己的判断向太宗进行了一番客观而细致的分析陈述："冯盎如果反叛，就必定趁中原还未稳定的时候，交结边远各部落的人，分派军队断绝险要之地，攻占抢掠州县。设置在当地的官府，为什么报告说反叛都有好几年了，可他的军队还没有越过边境？这就说明反叛的事实并没有形成，不必兴师动众。陛下您并没有派遣使者去那里实地观察，即使他派人前来京城朝见，恐怕也弄不明白。现今如能派遣使者，明确告诉朝廷旨意，一定不用烦劳军队，冯盎自己就会归顺朝廷。"太宗听从了魏徵的分析及建议，便下令暂时取消军事行动。到了十月，任命一位叫李公掩的大臣为全权使节，前往岭南地区，名义上是去慰问安抚，实际上是要观察实情。冯盎看到朝廷派来的是和平使者，而非大军压境，表明朝廷是信任自己的，十分高兴，于是派遣儿子冯智戴跟随使者到京城向朝廷表达感恩之情。这样一来，太宗通过使者的复命才了解到真实的情况，在高兴之余，深有感触地对侍从大臣们说："起初，岭南各州都盛传冯盎反叛，我决心要讨伐他。魏徵多次劝谏，认为只要用恩予以安抚，不必讨伐，冯盎就会自己来归顺。我采用了他的计谋，于是使得岭南安稳无乱子，不动用兵马就安定了岭南，胜过十万大军的功用。"由此可见，偏听与兼听对于是否能作出正确判断，甚至对实施德政的影响有多大。太宗一开始是偏听偏信，差点酿成一场大军一出动就会使生灵涂炭的灾难。而经魏徵一番有理有据的劝说，太宗当听到和掌握了更多的意见和信息之后，就能以全新的认识，转而选择正确的做法，化干戈为玉帛，不费一兵一卒，使岭南地区的政局安定了。

再看发生在历史上的几次因偏听而导致的几个国家衰亡之事。贞观二年（628）的一天，当太宗与大臣们商量处理完政事后，突然对魏徵说出了这样一个话题："怎样做可称为明智之君？怎样做可算作昏庸之君？"问题虽提得突兀，魏徵却能脱口而答，显然是他在平时就对这种问题已有过深思熟虑。他说："凡君主之所以成为明智之君，是因为能做到兼听；凡君主之所以成为昏庸之君，是因为偏听偏信。《诗经》上说：'古人曾说过这样的话，要向割草砍柴的人征询意见。'过去唐尧、虞舜治理天下的时候，敞开明堂四面的大门，以便看清四方的事务，听到四方的声音。因此，明智之君才能洞察一切，所以即便像共工、鲧这样的奸邪之徒，也不能蒙蔽他们；即便是那种花言巧语的虚伪之人，也不能迷惑他们。秦二世却只是藏身于深宫，隔绝贤臣、疏远平民而偏信赵高，等到天下大乱而百姓反叛，他还听不到消息。梁武帝偏信朱异，直到侯景举兵攻打京城，他还竟然一点不知道。隋炀帝偏信虞世基，反隋的各路人马攻城略地时，他也是不得而知。由此可以看出君主一旦能做到广泛听取和采纳各种意见，权臣就无法蒙蔽欺骗，而下层社会的民情一定能够顺利上达。"

其实，"兼听则明，偏听则暗"这个命题，并不是魏徵首先提出的，早在先秦时期，就常见于圣贤哲人的论著中，只是大多还处于理论学说的层面。而能在结合古今政治实践的层面上对这个命题再加以深化，不仅为当代帝王，也为后世的统治者开出一副在施政过程中克服主观性、片面性、局限性的良方，则是魏徵的开拓创新，意义深远。就现实意义来说，会帮助太宗在实施德政过程中起到时时纠偏的作用。从历史意义上讲，可为后世各种社会的统治者及行政官员提供有效治理国家、正确处理政事的一个法宝。

德政与善始善终

《诗经·大雅·荡》篇中就有两句诗说："靡不有初，鲜克有终。"如果说人类真的有什么魔咒的话，这两句诗大概可以算得上吧！自人类社会进入有阶级和国家的时代以后，在各式各样的生活怪象中，莫过于像这两句诗所说的有始无终或有善始无善终，半途而废，说白了，就是都有好的开头，少有好的结尾。上至帝王权贵、英雄贤士，下至一般百姓、渺小人物，大至轰轰烈烈的事业功绩，小至平平淡淡的日常生活，好像都被念了魔咒、施了法术而禁锢在这个怪圈中似的，难以打破，难以摆脱，难以跳出，难以逾越。由此来细看魏徵那些对太宗的忠谏直言，有许多就是从实施德政一定要坚持不懈、始终如一的角度论说的。可见要做到善始善终，确实不易，所以，魏徵才会一再强调，能实施德政只是有善始的开端，要实现德政必须有善终的结果。

贞观初年，唐朝确定了以德政为根本的治国总路线，但能不能贯彻到底，最终实现，还要取决于最高决策者能不能具有坚持不懈的毅力和始终如一的信念，而不能仅凭一时的热情。所以，魏徵随时观察着太宗在实施德政过程中的所作所为和思想动向，当感到确实有半途而废的苗头出现时，就立即既结合历史与现实、理论与实践两方面，又各有侧重地写了一短一长的两篇专题论文——《十思疏》和《十渐不克终疏》，提请太宗注意和思考善始善终的问题："有善始者实繁，能克终者盖寡"；"非知之难，行之惟难，非行之难，终之斯难"。

太宗在位的贞观初年，因对隋朝的灭亡记忆犹新，故能励精图治，但到了中期以后，就滋长起骄傲情绪，追求生活享受，渐渐荒于政务，喜欢奉承，不喜直言。魏徵对此十分担忧，就在贞观十一年（637）写了《十思疏》。文中提醒唐太宗要居安思危，崇俭戒奢，慎始善终，并十分具体地提出十个要经常思考的问题，其中不乏在今天看来仍具有深刻的道理和辩证的观点。这篇疏文说：

要求树木长得好，必须加固它的根底；要想河水流得远，必须疏通它的源头；要想国家能安定，必须积聚道德仁义。源头不畅通却希望水流得远，根底不牢固却要求树木长得好，道德仁义不深厚却想要国家安定，臣虽然愚昧，也知道那是不可能的，更何况明智的人呢？君主承担着国家的重任，处在天下最高的位置上，不考虑在安宁的时候想到危难的时候，不考虑戒除奢侈崇尚节俭，这也像砍伐树根而要求树木茂盛，堵塞源头而想要流水长远。凡是从前的君主，承受上天的大命，开始做得好的确实多，最终能做到底的却很少。难道取得天下容易，守住天下困难吗？原来在于他们在忧患的时候，必能竭尽诚意来对待天下人；已经得志的时候，就要放纵情欲而傲视一切。竭尽诚意就能使吴国、越国两个仇敌合为一体，傲视一切就会使骨肉亲属成为行路的陌生人。即使用严刑来督责人们，用威势来震吓人们，终究只是希求免除刑罚却不记君主的仁惠，面上恭敬却内心不悦服。怨恨不在大小，可畏惧的是百姓，他们像水似的能载船也能翻船，这是应该特别谨慎的。确实能够做到，看见想要的，就想到要知满足而自我警戒；打算兴建土木，就想到适可即止而安定百姓；考虑地位高处境险，就想到谦虚谨慎而加强自我修养；害怕像水满溢出似的骄傲自满，就想到要像大江大海容纳成百上千条河流似的心胸宽大；喜欢盘桓游玩，就想到君主每年游猎以三次为限度；担忧意志松懈，就想到以谨慎开始而以谨慎终结；忧虑闭塞受骗，就想到虚心地听取下面的意见；害怕进谗言的小人，就想到要端正自身而斥退恶人；有所赏赐时，就想到不要因为偏爱而奖赏不当；有所惩罚时，就想到不要因为私愤而乱用刑罚。完全做到这十种要想到的事，发扬忠、信、敬、刚、柔、和、固、贞、顺九种美德。选拔有才能的人而任用他，选择好的意见而听从它，那么明智的人能竭尽他的谋略，勇敢的人能竭尽他的力气，仁义的人能传播他的恩惠，诚信的人能贡献他的忠心。文武之道一并施用，垂衣拱手、无为而治。何必要君主一人劳神苦思，代行百官的职务呢？

全文以"思"为主线，把所论述的问题都连缀起来，文理清晰，结构缜密，辞气锋利，深寓哲理。特别是采用排比的整齐句式，对仗的修辞手法，并不时加进灵活生动的比喻，使文章气势充沛，音节铿锵，如同警句格言，让人铭刻于心。

《十渐不克终疏》一文采用对比的写作方法，把太宗从贞观初年到贞观中期渐渐发生转变的作为和表现，具体总结为十个方面一一列出：一是从寡欲到贪欲，二是从爱民到劳民，三是从恭俭到骄奢，四是从敬爱君子到亲近小人，五是从崇尚淳朴到好尚奇异，六是从求贤若渴到好恶由己，七是从心无嗜欲到心有逞意，八是从礼遇臣下到待臣刻薄，九是从谦卑对人到高傲对人，十是从休养生息到徭役繁重。

第一个问题：贞观初年，陛下您不烦扰百姓，也不追求物质享受，德政教化达到边远荒僻地区。可在现今，这种风气已逐渐衰落。但陛下您还以为自己已远远超过前代的圣明君主，实际上是连一般的帝王也赶不上了。从前的汉文帝、晋武帝都算不上圣明的君主，但汉文帝却能谢绝千里马，晋武帝也能焚毁雉头裘。而陛下您却派人到千里以外寻求良马，到远方异域采集珍宝。这种行为，既为百姓所责怪，又为外族所轻视。

第二个问题：孔子的学生子贡曾向孔子请教治理百姓的办法，孔子回答得很简单："必须像用枯朽的缰绳驾驭六匹快马那样谨慎小心。"子贡不知其中的道理，问孔子："何必那么胆战心惊？"孔子说："不用仁义去引导百姓，百姓就会把我们当作敌人，怎么不可怕！"贞观初年，陛下您对百姓就像对待病人那样精心护理，爱惜百姓，做事都从节俭着想，不随意大兴土木，可说是爱民如子。但近年以来，您用心于奢侈纵欲的事多了，忘掉了谦逊节俭的好作风，不但随意使用人力，还说百姓没事干就会安逸懒惰，叫他们多服劳役，才容易听使唤。自古以来，哪有因百姓安乐而使国家衰亡的，哪有因百姓安逸而让他们服劳役的？

第三个问题：贞观初年，陛下您约束自己，凡事都从百姓的利益考虑。可是现在，放纵欲望，役使百姓。谦恭节约的好作风一年不如一年，骄横奢侈的情欲天天有所膨胀。体恤百姓的话虽常挂在嘴边，追求个人享乐的事却老放在心里。有时想要大兴土木，又怕臣下劝谏阻止，就找借口，说

"如果不这样做，对我实在不方便"。臣下为顾及陛下您的情面，哪还能诤谏？这简直是要杜绝进谏者之口，怎能算上择善而从！

第四个问题：人的成功和失败，容易受外界的影响，即使香草和臭鱼混杂在一起，也要受到污染。因此，君主对所亲昵的人，不可不谨慎对待。贞观初年，陛下您看中名声和气节，对人对事，不存私心。因此，亲近君子，疏远小人。可现在不一样了，喜欢亲近小人，虽在表面上也似乎尊重君子，但敬而远之。亲近小人就会看不到他的缺点，疏远君子就会看不到他的优点，不用别人离间就会疏远；看不到小人的缺点，就免不了亲昵起来。亲昵小人，必定不能治理好国家；疏远君子，怎么能使国家兴盛？

第五个问题：贞观初年，陛下您的一举一动，都遵照圣人贤人的所作所为，不追求金银珠宝之类的奢侈品，提倡节俭淳朴的风尚。可到了近年，喜欢寻求珍奇异物，对难得的珍品，不论多么远都要弄到手。同时，还不停地制作精巧的玩物。上面的人喜好奢侈，而指望下面的人俭朴，那是不可能的。寻求珍宝、制作异品的事干多了，想要使国家的财物丰富，那也是不现实的。

第六个问题：贞观初年，陛下您访求贤才，如饥似渴。凡是正人君子推荐的，就信任重用，唯恐不能用其所长。可是近几年来，对人的任用常出于个人的好恶，大家都说好的人，即使委任了职务，但只要有一个人说了坏话，就抛弃不用。或者对任用多年的人，一旦被怀疑，就疏而远之。看人要看日常的表现，看事要看取得的效果，说别人坏话的人，其言未必可信。对长年的表现，不能一下子就否定。君子的胸怀，是行仁义而弘扬大德；小人的性格，是喜好陷害别人，只为自身打算。陛下您不审查其根本原因，而轻率地就加以肯定或否定，结果使履行仁义的人日渐疏远，使争名夺利的人反而得志。这样的后果就是群臣都想苟且偷安，不想尽心竭力。

第七个问题：陛下您初登帝位时，站得高，看得远，做事务求不扰民，心中不存奢侈和贪欲，也没有打猎游乐的嗜好。可在几年之后，意志薄弱了，游乐打猎无节制，引起了老百姓的议论。为了尽兴游乐，甚至叫边远地方的人贡献猎鹰和猎犬。有时跑到很远的猎场去，大早出发，入夜才归。只以驰马奔跑射击猎物为乐事，不想着会有意外事件发生，如果真的出现突发事变，能来得及解救吗？

第八个问题：孔子说过："君主以礼对待臣下，臣下就会以忠侍奉君主。"那么，君主对待臣下，信义也是不可缺少的。陛下您即位之初，尊重臣下。因此君恩广布，臣情上达，一心为国尽力，不存任何隐私。可近年以来，多有忽略。地方官员进京,在入朝奏事时打算见一见皇上,陈述己见,可是见不着皇上的面,想有所请求,又得不到恩准。有时抓住臣下的小毛病,深加追究,即使有聪敏善辩之才的臣子,也不能表达他的忠诚。因此要使上下同心,君臣同德,不是很难吗?

第九个问题:骄傲不可滋长,欲望不可放纵,享乐不可无限,心志不可自满。这四点是前代贤明帝王取得成就的基本原因,也是通达事理的贤人深以为戒的方面。陛下您在贞观之初,孜孜不倦,虚怀从谏,有时还嫌做得不够好。可是近年以来,骄矜放纵,依仗取得的巨大功业,竟蔑视前代帝王,自负聪明智慧。对一切现实问题,都不放在眼里,这显然是骄傲的表现。做任何一件事都想着要满足自己的心意,即使有时勉强抑制自己的情绪,听从劝谏,但最终不忘自己的欲望。如今嬉戏游玩的情趣很浓,毫不厌倦,虽还不至于完全妨害政事,但已不再专心于治国之道了。国家已太平无事,各部族已相继归服,但仍要派兵远征,问罪讨伐。对这些问题,陛下您所亲昵的人,顺从意旨,不肯劝说。陛下您所疏远的人,惧怕威严,不敢进谏。这样长年累月,必然亏损圣德。

第十个问题:贞观初年,连年发生旱灾,京城附近的人家都到关外去避粮荒,扶老携幼的,一走就是数千里,没有一户逃亡，也没有一人怨恨。这完全是陛下您对百姓善于体恤、安抚的缘故，所以百姓至死也不变心。可是近年来，百姓疲于徭役，特别是关中地区的百姓，受害更大。各类工匠除了要服正常数量的徭役外，还由官府出钱强行雇佣，而轮番到京城戍卫的士兵，也有很多被遣送到外地做劳役。民夫运送官府在乡间购置的物资，络绎不绝。所有这些弊端，都容易惊扰百姓，如果再因水旱灾害导致粮食歉收，恐怕百姓的心就不像从前那样安定了。

魏徵进而提出必须善始善终，希望太宗接受前代帝王治理天下的成功经验，改正当前存在的弊端，继续德政实施的良好开端，为发展"贞观之治"再创新局面。这样，国家长盛不衰，百姓安居乐业，就不会有祸乱败亡的危险。最后，魏徵以激扬沉痛的心情大声疾呼："天下的兴衰，国家的安危，完全在于陛下您一人了。当今太平盛世的基础，已经奠定得像天一样高，堆积九千仞的高丘，只差一筐土就要成功了。这是千年的好机遇，时机难以再得，圣明的陛下您能够做到却不做，这是微臣我郁闷纠结而长声叹息的原因。"

太宗看了奏章之后，心情是复杂的。刺中自己身上的毛病，总有痛楚之感；克制自己享乐的欲望，也不是很舒畅的事。但是，大唐江山的根本利益又促使他必须承认过错，于是他便对魏徵说：人臣侍奉君主，顺从旨意很容易，触犯情面，直言劝谏最难了。你作为我的重要辅佐大臣，常常直言国家大事，供我参考采纳。我现在一定要做到"闻过能改"，把德政进行到底，希望"克终善事"。太宗还把这篇疏文贴在屏风上，以便早晚看到，随时警戒，还把它抄写送到史馆，作为档案保存，使后世的人从中看到君臣相处的道理。

第 4 章

以民为本的政治思想

在古代，君与民的关系，涉及统治阶级与被统治阶级的根本利益，共处于一个矛盾统一体中，既互为对立，又互为依存。这种关系如果处理得相对平衡，双方的依存度高，国家就可安定，社会就可发展，君主的统治地位也就比较稳固；如果处理得失去平衡，双方的对立性强，国家就要动荡，社会就要停滞，君主的统治地位也要衰弱。这种情况，在源远流长的历史发展长河中，反复地不断地被验证着。

早在先秦时期，圣贤哲人在论著或谈话中就有用语虽不同而用意却一致的表述，如创建儒家学说的头号人物孔子曾对鲁哀公说："夫君者，舟也；民者，水也。水所以载舟，亦所以覆舟。"宣扬儒家学说的二号人物孟子换了一个说法：

"民为贵，社稷次之，君为轻。"继承儒家学说的三号人物荀子重复祖师之意、简化祖师之言："君者，舟也；庶人者，水也。水则载舟，水则覆舟。"从而形成了一种以民为本的政治思想和理论学说。其实，这种思想理论可套用《左传》上的一个形象化比喻来理解："皮之不存，毛将焉附。"它是为以君主为代表的统治阶级利益的最大化服务的，也就是说，它是统治阶级所规定的等级制度、社会秩序，可永远地合法存在。这并不是要将被统治阶级的利益置于统治阶级的利益之上，让下层社会普通民众的地位超过上层社会特权人群的地位；而是说参与生产活动的普通民众是整个社会存在的基础，通过他们的辛勤劳动，产生出的社会财富，又成为维持社会发展的基础。在这个前提下，才能谈得上社会特权阶层的存在，或者说才能使一部分人享受荣华富贵。一旦破坏了这个基础，正如同一张毛皮的皮被破坏了，依附在皮上的毛也自然而然地损失了。这样一来，也就要求统治阶级必须重视并保障被统治阶级拥有和维护他们生存的基本利益。但是，这个浅显的道理，仅有统治阶级中的一小部分明智之士能清楚地认识到，而统治阶级中的大部分人把攫取财富而贪婪纵欲看作天经地义的事。由此就产生了严重的阶级对立，尖锐的利益冲突，复杂的社会动荡，频繁的残酷战争，一个接一个的国家政权就像一条接一条的船在波涛汹涌的历史长河中倾覆沉没。

民本与载舟覆舟

魏徵不仅是明智的政治理论家，而且是精明的社会实践家，不仅继承了民本学说，而且发扬了民本政治，不仅自己保持对如同载舟覆舟似的君民关系的清醒认识，同时还时时处处提醒太宗在制定治理国家的施政方针上要有以民为本的指导思想。

初唐时期的君臣都是从隋朝过来的，甚至有一部分还是从更早的南朝梁陈、北朝齐周再经隋朝过来的，他们目睹了强盛一时的大隋王朝是怎样在短短的几年内就灰飞烟灭了的，那番惊心动魄的情景，仍然历历在目。所以，魏徵在对太宗的劝谏中，常常以史为鉴，并用隋炀帝作例证，向太宗讲明载舟与覆舟的道理，提请太宗时刻体察民情，倾听民意，小心重蹈隋朝的覆辙。

贞观六年（632），太宗在一次与臣下的谈话中先引《尚书》上的古训："可敬爱的是君主，可畏惧的是百姓。"然后又加以引申："作为天子，有道，百姓就会拥护而让他做君主，无道，百姓就会抛弃他而不让他做君主，确实可怕呀！"所谓"道"，就是以民为本的政治思想和治理方法。魏徵不失时机地对太宗的话既表示赞成，又有所强调："自古丢掉国家政权的君主，都是因为居于安稳而忘了危机，处于治世而忘了乱世，所以不能长治久安。如今陛下富有四海，天下安定，还能用心在百姓的治理上，常常保持着如同临近深渊、踩上薄冰的谨慎态度，自然会使大唐江山长久稳固。我看到古人有这样的说法：'君主就好像水，百姓就好像船。水能载起船，也能倾覆船。'陛下认为百姓的力量可让人畏惧，确实是的。"

贞观十一年，魏徵在向太宗递上的一篇谏议文中说："君主在保持着忧患意识的时候，往往能取得成功。而一旦成功，在丧失忧患意识的时候，又往往会走向失败。君主具有忧患意识，就能竭诚对待民众，可当取获民心后，君主又放纵情欲，傲慢蔑视民众。竭诚对待民众，天下就不分东西南北而合为一体；傲慢蔑视民众，骨肉至亲也会疏远得像路上的陌生人。即使用严刑督察，用威力震慑，到头来民众也只是表现出免祸态度而心中毫不感恩，表面上好像恭敬而心里绝未服气。"最后魏徵特别提醒太宗注意："怨不在大，可畏惟民，载舟覆舟，所宜深慎。"还借鉴《尚书》上的形象比喻："予临兆民，凛乎若朽索之御六马。"就是说，统治万民，战战兢兢，害怕得好像驾驭一辆用枯朽缰绳套着六匹马的车子，多么危险！

贞观十四年，魏徵专门写了一篇《论治道疏》，以历史经验为论据，以现实问题为论点，并用头脑和四肢与身体的相互依赖作比喻，有针对性地围绕着载舟与覆舟的关系，大谈特谈以民为本的治理之道。这篇文章说：

"我听说君主如同人的头脑，臣子如同人的手臂腿脚，头与手脚协调一致，配合而成为身体，身体的某部分不完备，就不能形成完整的人体。那么，头脑即使再尊贵重要，也必须借助手脚才能成为身体，君主即使再英明睿智，也必须借助臣子才能治理好国家。《礼记·缁衣》篇中说道：'民众把君主看作自己的心，君主把民众看作自己的身体，心强健可使身体舒畅，心严肃可使容貌恭敬。'《尚书·益稷》篇中唱道：'君主英明睿智啊，臣子贤良用心啊，一切事务安全啊。''君主琐碎无大志啊，臣子懒惰不用力啊，一切事务都荒废啊。'那么，抛开作为得力助手的臣子，只凭君主个人的所思所虑，就和谐一体而能成功治理好国家的，还没有听说过。君主与臣子的相遇相知，从古以来便是一件难事。如同要使大石顺从水流，一千年都难得发生一次；要使水流顺从大石，任何时候都在发生着。君主与臣子秉持大公无私的道义，释放天下贤才的能量，君主在内尽心，臣子在外用力，调和融化盐的咸和梅的酸为一种味道，坚固强硬得像金子和石头一样，不是在于用荣华富贵相利诱，而是在于用礼貌知遇相激励。……齐景公向晏子询问：'忠臣是怎样服事君主的？'晏子对答：'一旦君主有难时不为遇难的君主去送死，君主流亡时不为出逃的君主去送行。'齐景公说：'割让君主的土地分封臣子，使用君主的爵位赏赐臣子，而君主有难却不慷慨赴死，君主流亡却不勇敢陪送，为什么呀？'晏子说：'臣子一进忠言就被君主利用，君主一生都不会遭难，臣子有什么理由去死呢？臣子有劝谏就被君主采纳，君主一生都不会逃亡，臣子有什么理由去送呢？如果臣子的忠言不为君主采用，君主一有难而臣子就赴死，这是一种白白送死的行为。如果臣子的劝谏不为君主采纳，君主一流亡而臣子就送行，这是一种假装忠诚的举动。'《春秋左氏传·鲁襄公二十五年》记载：齐国大臣崔杼因为齐庄公经常私通自己的妻子棠姜而杀了他，当时齐国的另一位大臣晏子就站在齐庄公被杀的崔杼家的门外，晏子的手下人问：'你要为君主陪死吗？'晏子说：'光是我一人的君主吗？我要陪死？'手下人又问：'你要逃走吗？'晏子说：'是我的罪过吗？我要逃亡？如果君主为国家而死，那我就会为君主而死，君主为国家而逃亡，那我就会为君主而逃亡。如果君主为自己而死，为自己而逃亡，不是君主自己宠爱亲近的人，谁有资格担当那种陪同去死去逃亡的责任呢？'等到大门开了，晏子进去，把头枕在齐庄公尸体的大腿上放声大哭，起身后，往上跳了三跳就出去了。孟子说：'君主看待臣子如同手足，臣子对待君主也就像腹心一样；君主看待臣子如同狗马，臣子对待君主也就像平民一样；君主看待臣子如同粪土，臣子对待君主就像仇敌一样。'虽说臣子服事君主不该有二心，但在离去或留下的大节上，应当依据的是君主恩情的厚或薄，那么做君主的，怎么能无礼于臣下呀！私下观察当朝群臣，在承受主持要务而被寄托重任的人中，有的在秦、晋重地管理过边防，有的在朝堂之上参议过国事，既建立大业又建立大功，都是当今的杰出人选，处在中枢位置，责任重大。委任的职务虽很重要，但并未给予深度信任，那么就会有自相疑惑之感。人有了自相疑惑之感，那么就会使人心怀得过且过之念。心怀得过且过之念，那么就会使人的气节道义树立不起来。人的气节道义树立不起来，那么就会使人伦礼教不能振兴。人伦礼教不能振兴，而想着可以巩固太平基业，保有七百年国运，是从未有过的。又听说国家因为重视爱惜功臣，就不再追究过去的恶行劣迹，与前朝的圣明君主相比较，没有一点差别。然而，这只是对大事端予以宽免，而对小罪过却抓紧严办，随时随意责罚怒斥，不免出于爱憎而意气用事，这样是不能成功实施德政的。……《礼记·曲礼》篇中有两句话说：'对喜欢的人要知道他的短处，对憎恨的人要知道他的长处。'如果对于所憎恨的人不知道他的长处，那么做了好事也一定会恐惧。如果对于所喜欢的人不知道他的短处，那么做的坏事就会越来越多。《诗经·巧言》篇中有两句诗：'君子听谗若发怒，祸乱或者可得停。'那么，古人的震怒，是用来惩戒坏人坏事的，当今的威吓惩罚，却是在助长坏人坏事，这不是圣明之君唐尧、虞舜的美好用心，不是贤明之王夏禹、汤武的美好行事。《尚书·泰誓》篇中有两句：'抚爱我们的就是明君，虐待我们的就是仇敌。'荀子说过：'君主，就像是船。民众，就像是水。水是能够浮起船的，也是能够倾覆船的。'所以，孔子说：'鱼失去了水就会死，水失去了鱼还是水。'因此，圣明之君唐尧、虞舜总是战战兢兢，一天比一天谨慎。怎么能不深刻思考这些道理啊？怎么能不认真考虑这些道理啊？"

每隔几年，魏徵便从民本思想的角度提请太宗注意载舟与覆舟关系的问题，但并不是一种简单的重复，而是与时俱进，有的放矢，从第一次的赞成，到第二次的提醒，再到第三次的忠告，层层递进，环环相扣，完全是随着太宗的思想波动、行为变化而有侧重面、针对性地提出的。

民本与克欲纵欲

贞观年间，以民为本的政治思想，君臣在认识上是基本达成共识的，但在具体施政之中能否做得到，在实际生活当中能否有成效，主要取决于掌握生杀大权、威福集于一身的统治阶级最高代表的君主是能相对合理地克欲，还是要肆无忌惮地纵欲。如贞观初年，太宗有一次在和亲近大臣们谈话时说："做君主的原则方法，必须要先使百姓存活。如果用损害百姓来奉养自身，如同是割取大腿上的肉来喂饱肚子，肚子喂饱而身体也倒毙了。若要安定天下，必须先端正自身，从来没有身体端正而身影弯曲，在上的治理而在下的动乱。我常想能伤害自身的不在于身外之物，都是嗜好贪欲而招致的灾祸。如果一味讲究吃喝，追求音乐美色，所想要的越多，所损失的也越大，既妨碍政事，又滋扰百姓。而且再说出一些不讲理的话，天下万民会因此而人心涣散，怨恨兴起后，分离叛乱也会兴起。我每每思考这些问题，不敢放纵享乐贪图安逸。"魏徵对答说："古代圣明睿智的君主，也都是先就近而由自身入手，才能够远而推及一切事物。过去楚庄王聘请术士詹何，询问治理国家的要领。詹何用修养自身品德作为回答。楚庄王又问治理国家的方法，詹何说：'没有听到过自身有修养而国家会动乱的。'陛下您深刻理解的，其实正符合古时的道理。"太宗不愧是一位明君，对于君主克欲可使万民存活的为君之道有着这等明智的认识。但是，人的欲望本来就无穷无尽，何况是有条件可去满足个人欲望的帝王，处在实实在在的社会生活中，要克制欲望，谈何容易。所以即使明智得像太宗这样的君主，日常表现也不是时时事事都能达到克欲的境界。幸好当时有一位直言敢谏的臣子魏徵常以隋朝的灭亡为镜子、以隋炀帝的下场为反面教材，能够随时随事地帮助和提醒太宗克欲，才使得贞观之治的大业保持着较平顺的发展。

贞观六年（632）的一天，魏徵似乎在轻描淡写地为太宗讲述古代的一个笑话："从前，鲁哀公对孔子说：'有一个人特别容易忘事，在一次搬家时，竟然把自己的妻子给忘了。'孔子说：'还有比这个人更容易忘事的人，像夏桀王、殷纣王之类的君主，连他们自己的身体都忘掉了。'"看似轻松幽默，其实用意深刻。魏徵是借用孔子的话，意味深长地告诉太宗，凡君主依着自己的性情，纵欲无度，放肆享乐，不顾百姓死活，就会忘掉由此招来的政治混乱，导致的社会矛盾，潜伏的统治危机，最终的恶劣结果、悲惨下场，难免自身被毁灭，国家被消亡。

贞观二年，曾经担任隋朝通事舍人之职的郑仁基的女儿十六七岁，面貌特别漂亮，当时没有比得上的。太宗的长孙皇后探寻得知，建议招进后宫侍奉太宗。太宗便招她为后宫女官之一的充华。诏书已经发出，册封的使者还未出发。魏徵听说郑氏女已经许配给陆氏家族的陆爽，就急忙进谏劝阻说："陛下您作为天下人的父母，抚爱百姓，就应该忧心百姓所忧心的事，乐意百姓所乐意的事。自古以来有道的君主，把百姓的心愿作为自己的心愿，所以君主处于楼阁亭台，就想要民众有房屋可安居，君主吃着美味饭菜，就想要民众无饥寒忧患，君主眷顾妃嫔侍女，就想要民众有家庭的欢乐。这才是做君主的正常道理。如今郑家的女儿，早已许配别人，陛下您聘娶她，毫不迟疑，无所询问，传遍天下，这难道是做天下人父母的道理吗？我听到的或许不准确，但唯恐损害陛下您的圣明德行，情不自禁地大胆说明事实。君主的一举一动必为史官所记录，希望特别留心考虑。"太宗听后大为吃惊，亲手写诏书应答，深刻地自责，于是叫停使者册封，并下令把那个女子还给原来许配的未婚夫。房玄龄、温彦博、王珪、韦挺等几位大臣说："郑氏女许婚陆家，并无明显的凭证，册封礼仪已经进行，不可中途停止。"而且陆爽上表解释："本人的父亲陆康在世时，和郑家往来，时时相互赠送财物，当初并无婚姻方面的交结而涉及亲戚关系。"又说："外人不知内情，虚妄地出现这种说法。"大臣又都劝说可以招进后宫。太宗这时感到很疑惑，询问魏徵："群臣或许是曲意随顺旨意，陆爽为什么这样地用力解释？"魏徵说："依据我的推测，他的心思可以识破，是把陛下您等同于太上皇了。"太宗问："为什么呀？"魏徵说："太上皇刚平定京城，得到了辛处俭的妻子，渐渐十分宠爱。辛处俭当时担任东宫太子舍人之职，太上皇知道后很不高兴，于是下令免去他东宫的职务而派他到万年县担任官职，辛处俭心中恐惧害怕，时常担心性命难保。陆爽本人认为陛下您今天虽能容忍自己，而担心将来会暗中进行贬谪惩罚，所以反复解释表白，用意在这里，不足为怪。"太宗笑道："外人的想法，可能会是这个样子。但我所说过的话，也未必能使人全然相信呀！"于是下令说："现在知道郑仁基的女儿先前已接受别人家的礼聘，前些时发出文书的时候，对这件事没有详细考察，这是我的不对，也是有关部门的过错。授予郑氏女充华这一女官的册封诏书应该作废。"当时的人没有不称赞的！

贞观四年，太宗对侍从的大臣说："装饰豪华宫殿，游赏宽大池台，是帝王想要的，却是百姓不想要的。帝王想要的原因是纵情享乐，百姓不想要的理由是劳作疲惫。孔子说：'有一句可以终身奉行的话，那就是恕吧！自己不想要的任何事物，就不要强加于别人。疲惫的劳作，实在不可以施加给百姓。我尊贵成为帝王，拥有全天下的一切，每件事都自己确定，能够自我节制，如果百姓不想要的，一定能够顺应他们的心情。"魏徵说："陛下您本来爱惜百姓，每每节制自己来顺应人心。臣听说：'使自己的愿望服从别人的会昌盛，使别人服从自己的愿望的就要衰亡。'隋炀帝想的是贪得无厌，一味地喜好奢侈，有关部门常常承担供奉建造的事务，稍不如意，就用严刑惩罚。上面喜欢的，下面就喜欢得更厉害，竞相追逐无限制，直至灭亡，这并不只是历史书籍所留传的，也是陛下您亲眼所见的。因为炀帝暴虐无道，所以上天使陛下您取而代之。陛下您如果感觉满足了，现在这样的已超出很多了。如果感觉不满足，再超过现在这样的万倍也不会满足。"太宗说："您所说的很好！不是您，我怎么能听到这样的话？"

贞观八年（634），太宗对侍从大臣说："隋朝时的百姓就算是拥有财物，又怎能保住自己的财物？自从我拥有天下以来，真心地抚恤休养，没有多余的劳役征税，每人每家都能经营生产，守住自己的资产财物，这就等于是我赐予的。要是先前我不断地加收赋税加派差役，即使多次地资助赏赐，还不是等于没有得到过。"魏徵听太宗这样说，便接着对答说："远古的唐尧、虞舜做帝王时，百姓也就说'耕田而吃饭，挖井而饮水'，肚子吃得饱饱的，还说什么这样吃饱喝足的生活与帝王有什么关系呢？现今陛下您这样地关爱养育，百姓们可说是天天有吃的有喝的而未感觉是一种恩赐。"魏徵觉得这样说还不能够透彻清晰地表达深意，便借助历史故事来启发太宗说道："春秋时晋国的晋文公出去打猎，在砀山那里追赶野兽，进入一大片沼泽地里，迷失方向后，不知应该从哪里出去。沼泽地里有一个打鱼人，晋文公对打鱼人说："我是你的国君，告诉我哪条路可以走出去，我将会重重地赏赐你。"打鱼人说："我有话想说。"晋文公说："等走出沼泽地再听你的指教吧。"于是他引导护送晋文公走出沼泽地。这时晋文公问道："你现在想要指教我的是什么呀？"打鱼人说："鸿鹄要是在广阔汹涌的大河大海活动，就能保全性命，一旦厌烦了这种生活而迁徙到小湖泊中，那么就有被弓箭射击的危险。大龟鳄鱼要是在深广的水潭栖息，就能保全性命，一旦厌烦了这种生活而迁移到小湖泊中，一定有被捕捞钓住的危险。现在国君您到砀山追捕野兽，进了这个沼泽地，是不是走得太远了呢？"晋文公听了，大声赞叹："说得好呀！"叫随行的人记下打鱼人的姓名。打鱼人说："国君您何必记我的名字？国君就应该尊重天地神祇，敬事江山社稷，保卫国家疆土，爱护万民百姓，少征赋役，减轻租税，您这样做，我也就从中得利了。国君不尊奉天神，不服事地神，不敬重江山社稷，不固守国土，对外失去与各诸侯国的友好关系，对内违背全国民心，整个国家离散破败，我这个打鱼人即使得到丰厚的赏赐，也不能保全呀。"于是推辞不接受晋文公的赏赐。"太宗听了这个寓意深刻、意味深长的故事，称赞道："您说得太对了。"

140

贞观十五年（641），太宗派遣使臣前往西域举行册封叶护可汗名号的典礼，使臣还没返回复命，太宗又要派人携带大量金帛，准备前往西域各国购买马匹。魏徵对此提出意见："现在派遣的使臣是以册封可汗为名义的，可汗的名号尚未正式确定，就派人到各国去买马，准备接受册封的突厥人一定认为朝廷派出使臣的根本用心在于买马，不是为了专门册封可汗名号的。可汗的名号册封成了，也不太会对朝廷心怀感激，如果册封不成的话，就会产生深深的怨情。西域各国一旦知道这种事，将会不再敬重中原人。只要能使西域各国安宁平静，那么，各国的马匹，不用专门求买就会自动送上门来。过去在汉文帝时有人献上千里马，汉文帝对他说：'我骑马外出巡视或参加祭祀活动时骑行一天不过三十里，在行军打仗时骑行一天不过五十里，开路的仪仗队走在前面，随行的护卫车队跟在后面，我独独骑着千里马，又能快到哪里去呀？'于是补偿给献马人在路上的花费而退回千里马。在汉光武帝时有人献上千里马和宝剑，光武帝用千里马驾战鼓车，把宝剑赐给骑士。如今陛下您的一切作为，都远在夏禹王、商汤王和周文王、周武王之上，怎么对待这种事却要在汉文帝、汉光武帝之下呢？另外如魏文帝曾求购西域的大型宝珠，大臣苏则说：'如果陛下您的恩惠遍布四海，那么宝珠不用追求而自会送来，用力追求而得到的，就显不出珍贵了。'陛下您即使不能够追慕汉文帝的崇高德行，难道可以不惧怕苏则的正直言论吗?"太宗一听，立即终止派人买马的命令。

贞观十六年，唐太宗问魏徵："我看近代的帝王，有只延续一代两代的，有传位十代的，也有自己取得天下又自己丢失的。我之所以常常感到忧虑恐惧，或者是因为害怕抚养百姓未能做到各得其所；或者是因为害怕自己心生骄逸，喜怒过度，而自己又不能觉察到。请你为我讲讲其中的道理，我将把它们当作准则。"魏徵说："嗜欲喜怒的情感，人生而有之，无论贤者、愚者都在所难免，只是贤者能够有所控制，凡事不过度，愚者却恣意放纵，以致达到不可收拾的地步。陛下圣德高远，能够居安思危，衷心希望陛下能抑制私欲，善始善终，成就完美的功业，造福千秋万代。"

贞观中期以后，直至临死的前一年，魏徵年年都在劝谏太宗要克制私欲，可见，君主克欲对于稳定王朝政权和巩固封建统治来说是多么重要。尽管魏徵具体针对的大多似乎只是太宗个人的克欲问题，而真实的主观目的还是维护封建统治者的长远利益，使大唐王朝能够长治久安。不过，在魏徵的直言劝谏使得太宗要满足自己私欲的一些行为有所收敛，不至于发展到纵欲的程度，这从客观上多多少少也产生出惠及百姓、惠及民生的有利效果。尤其在贞观十一年，贞观之治发展到了关键时刻，君主能否克欲关系到以民为本的政治道路是否还能继续走下去，魏徵为此专门写了四篇《论时政疏》，分别于这一年的正月、四月、五月、七月呈送给太宗观览。其中，第一篇和第三篇都有一段语重心长的话，特意强调指出隋炀帝放纵私欲是导致国破家亡的重要原因，希望太宗多照照隋朝这面镜子。魏徵在疏文中特别强调的是：当年隋朝人力、财力、军力的强盛富有达到极点，是我们今日的大唐君臣所曾亲眼看见的；当年隋朝皇帝自以为强盛富有而没有想到灭亡就真以为不会灭亡，可偏偏国也灭了，家也亡了，也是我们今日的大唐君臣所曾亲身经历的。隋朝从极盛到衰亡，其中的原因很简单，依仗着强盛富有，不能适当地节制自身的私欲，而任由着无穷的欲望恶行膨胀，使数十年间积累的财富，仅几年间就消耗一空，导致民不聊生，于是揭竿而起，一呼百应，便使天下大乱，富强的大隋在一夜之间就分崩离析而归于灭亡了。

民本与思危忘危

除以上两部分外，居安思危也是以民为本的政治思想体系中的重要组成部分。老子的《道德经》上有两句辩证法名言："福兮祸之所倚，祸兮福之所伏。"在汉代人注释的《周易》上也有这样几句话:"君子安而不忘危,存而不忘亡,治而不忘乱,是以身安而国家可保也。"都是在强调说明,大到国家政事,小到日常琐事,在思想上要保持忧患意识,在行动上要保持谨慎小心。但历史经验却每每证明,上至王侯权贵,下至万民百姓,当处在安定环境中就会忘掉仍有危机潜伏着,而处在安逸生活中就会忘掉还有危险存在着。魏徵在这方面既有理义总结,又有实证分析。

贞观五年(631),在魏徵与太宗的一段对话中就论及思危与忘危的问题。太宗对身边的侍从臣子们说:"自古以来的帝王也不能长期地化解消除全部隐患,假如使国家内部安定了,却又必定存有外部扰乱。而如今远方外族归顺服从,国内粮食丰收堆满仓,偷盗抢劫不发生,国内国外都宁静了。这绝不是我一个人的力量所致,确实是由于各位大臣的共同辅助。但是,平安时不能忘记有危机,治理好时不能忘了会发生乱子,即使明知目前无事,也必须想着把好的开端保持到底。能经常地这样思索,好的开端才是真的可贵。"魏徵深表赞同,顺着话题进一步发挥说:"自古以来,就有君主和臣子不能同时都完美,有的时候是君主圣明了,臣子却不贤能;有的时候是遇上贤能臣子,却没有圣明的君主。如今陛下您是圣明的,所以才达到国家治理,假如先前只有贤能的臣子,而君主并不想着教化天下,贤能的臣子,也不能发挥所长而做出有益的事。天下如今虽是太平了，我等臣子还不认为是得意的喜事，仍希望陛下您居安思危，勤勉谨慎不懈怠啊！"

魏徵还从眼前发生的重大政治事件引发开来，借鉴历史事实，劝谏太宗居安思危，吸取现实教训，安不忘危，既从认识论的角度阐明善始善终的重要性，又从方法论的角度证明善始善终的必要性。贞观十四年，太宗因平定高昌国（今新疆吐鲁番一带），在两仪殿大摆宴席招待侍从大臣。太宗对房玄龄说："高昌国如果不丧失作为臣子的礼节，怎么会至于灭亡？我平定这么一个国家，心中很感畏惧，只有用诫勉自己不骄奢淫逸来预防危机，用接受忠言来纠正自己的错误。罢除奸邪诌媚的人，任用贤良正直的人，不用小人之言来议论君子。由此而善始善终，就可望获得安全。"魏徵趁机进言道："我观察自古以来的帝王在拨乱创业的时候，都能够有所警戒，听取百姓的舆论，听从忠臣的言论。天下太平之后，就开始穷奢极欲，喜欢听诌媚讨好的话，讨厌听正直的谏言。张良是汉王刘邦最得力的谋臣，等到刘邦成为皇帝之后，将要废掉嫡出的太子而另立庶出的儿子。张良说：'这件事，已不是像当年出谋划策时那样地凭借口舌就可以争辩的了。'最终不敢再开口劝说汉高祖。况且陛下您的功德这样卓越，与汉高祖相比较他是不能并列的。陛下您继位已有十五年，圣德如光明普照，现在又平定了高昌，屡次表现出忧患意识，特别提醒自己要任用忠良之士，广开直言之路，这真是天下的大幸。过去齐桓公和管仲、鲍叔牙、宁戚四个人一起饮酒，齐桓公对鲍叔牙说：'何不举起酒杯为我致祝愿词呢?'鲍叔牙捧着酒杯起身祝酒说：'希望主公不忘过去流亡在莒国时的情形，希望管仲不忘在鲁国被囚禁时的情形，希望宁戚不忘当年在车下喂牛时的情形。'齐桓公起身离开座位后答谢说：'我和管仲、宁戚如能不忘你的这番话，那么国家就不会有危险了!'"太宗对魏徵说："我肯定不敢忘记自己为平民时的情形，你也不可忘记鲍叔牙的为人。"

人们通常忘危容易思危难，这首先从对战乱时期创业与和平时期守业谁难谁易的不同认识上表现出来。贞观十年，太宗问侍从的大臣："在帝王的事业中，开创建立基业与守住既有基业哪个更难做到?"宰相房玄龄对答说："天下混乱之时，群雄竞起而争，要攻破对方城堡才使敌人投降，要战胜对方军队才使敌人屈服。从这一点来说，开创建立基业更为艰难。"魏徵对答说："帝王事业的兴起，一定是趁着衰乱的局势。这个时候颠覆那种昏暗社会，百姓就乐于拥戴，天下人都归顺从命，是天与人共同授予的，就不算是很难。然而在已经取得天下之后，君主心志兴趣骄纵放荡，百姓想要

146

平静生活却没有休止地增加徭役，百姓已是生产凋敝却不停息地加大工程，国家的衰弱败坏，常常由此而引起。从这一点来说，守住已成基业更为艰难。"太宗说："房玄龄当年随从我平定天下，吃尽了苦头，经历了百死而一生的道路，所以看到的是创业的艰难。魏徵辅助我安定天下，忧心产生骄奢淫逸的苗头，必会走进危亡的境地，所以看到的是守业的艰难。如今是创业的艰难，已经过去了，对于守业的艰难，应当考虑和诸公一起慎重处理。"在这场讨论会上，太宗、房玄龄和魏徵的表现很有意思，三人讲得都有道理，从各自看问题的角度说出了客观事实，但在尊重客观事实的前提下也无不怀有微妙的主观心思，各自隐秘地表功一番。房玄龄一直协助太宗扫平天下，走的是九死一生的艰苦途径，回想当年的"草创之难"，再看今日的创业成功，不言而喻，自己当然属于艰难创业的臣子。魏徵辅助太宗治理国家，走的是和平发展的曲折道路，回顾当时的"守成之难"，又见今天的守业有成，不言而喻，自己当然属于成功守业的臣子。太宗先是带领房玄龄"定天下"，后又带领魏徵"安天下"，发现人才，利用人才，充分发挥得力助手的才能，既得到了大唐江山，又成就了大唐盛世，回望当初，环视当今，创业的艰苦之路与守业的曲折之道都走过，创业成功和守业有成是兼而得之，不言而喻，自己属于圣明的君主。

贞观十四年，太宗对侍从大臣说："平定天下，我虽成就了帝王的事业，可是，守业一旦出现失误，已有的功业也是难以保住的。秦始皇起初也是平定了六国，拥有了天下，等到晚年不能很好地守业，确实可作为警诫。你等各位大臣应该用心公事而忘掉私事，那么已得的名誉高位，到头来就可以保住美好的一生。"魏徵说："臣下我听说，战胜而取得胜利成果容易，守住胜利成果困难。陛下您能够深思而远虑，居安而不忘危，功业已经彰显，德政教化又深入人心，如果永远这样处理政务，国家就没有什么缘由倾覆败亡了。"

贞观十五年，太宗问侍从大臣："保守取得的天下是难还是容易？"魏徵回答："很难。"太宗说："作为守护天下的君主只要做到选拔任用贤德有才的臣子，虚心听取接受忠臣的正直谏诤，就可以守住天下，您说是很难？"魏徵说："仔细观察，从古以来的帝王，每当处于忧患危难的时刻，就能够选拔任用贤才，而接受劝谏。等到了安逸欢乐的时候，必然产生松弛懈怠，进言政事的人，只是战战兢兢畏首畏尾，日复一日而月复一月，最后导致国家危亡。圣人之所以居安思危，正是因为这一点。在国家平安时就能心怀忧惧，难道不是很难做到的事？"

战乱时期，尸横遍野，血流成河，随时可能付出生命，危险是明摆着，具有直观性，所以人们便简单地认为创业艰

148

险。但魏徵能透过现象看到本质，从国家长治久安的角度观察和揭示问题的实质，认为需要付出更长的时间、更多的艰辛、更大的谋略才能使守业得以成功。而和平时期，从思想到行为都在不知不觉中悄悄地发生着微妙变化，不易察觉，难以捉摸，突然之间，就爆发了质的巨变，使政权灭亡，让人身毁灭。也就是说，战乱时期的创业虽看似危险，但只需短时艰苦奋斗，即可取得成功，建立大业；和平时期的守业虽看似安全，但必须长久的努力奋斗，才能获得安全。真正守业，是意志的考验，是毅力的较量，是韧性的比拼。魏徵的思想认识，无疑是更具深刻性和更有远见性的。

以民为本的政治思想，最直观的表现是明智之君多能听从忠良之臣的逆耳之言，居安而思危，力保江山。而昏庸之君多是爱听奸佞之臣的顺心之话，居安而忘危，自毁江山。魏徵曾遭受奸佞小人的谗言陷害，有亲身体会，所以，特别欢喜为太宗辩证地分析君子与小人、良臣与佞臣之间的利害关系。

贞观六年（632），有人告发当时担任尚书省右丞之职的魏徵在用人方面包庇偏向自己的一些亲戚同党。太宗便委派负责监察各级官吏行为的御史大夫温彦博询问调查这个案子，调查后的结论是原告所说的属于不实之词。温彦博在据实向太宗报告的同时，说魏徵既然受到一些人的议论指责，虽然涉及的人事并不属于自徇私情，但也存在着不能避免嫌疑的地方而应接受责问。太宗就叫温彦博去告诫魏徵说："您劝谏纠正了我好几百件不妥当的事情，我怎会因这么点小事，就看轻了您那么多的美言美德。不过，从今以后，您也不能不注意自己的言行可能会被人抓住把柄的嫌疑。"过了几天，太宗当面询问魏徵："近些天以来，在宫外处理事务时，您听说有什么做得不对的事情？"魏徵说："前些天，您让温彦博宣布教令时对我说：'为什么不注意避嫌？'这句话就很不对。我听说君与臣是同呼吸的，从义理的角度讲如同一个身体。没听过臣子要不专心于公道，只在意于避嫌。如果君臣上下，共同遵循这套路数，那么国家的命运是兴是丧，或许就不能预知了。"太宗听了，猛然省悟，改变脸色后严肃地说："先前说的话，过了不长时间我就已后悔了。这确实是很不对。您也不能就此心怀畏缩而退避。"魏徵于是也恭敬地叩拜后再次说道："我把身家性命交给国家，遵循正直之道而行事，必然不敢有什么不负责的。只希望陛下您能让我做良臣，不要让我做忠臣。"太宗惊奇地问："良臣和忠臣有什么差别吗？"魏徵说："所谓良臣，就像辅佐尧帝、舜帝和夏禹进行了农业开发、水患治理、刑法制定的后稷、契、皋陶那样的臣子。所谓忠臣，就像对暴虐荒淫的夏桀王、殷纣王一再进行劝谏而遭到残忍杀害的关龙逄、比干那样的臣子。做良臣可使自身获得美好名声，君主也因此受到极大的称赞。这种声誉可使子孙世代传承，由此永远享受荣华富贵。做忠臣会使自身遭受诛灭，君主也因此得到大恶的骂名。等到家破国亡，独独留下忠臣的空名。就从这一点来说，良臣与忠臣的差别就很大了。"太宗听魏徵这么一分析，既很受启发，又深受感动，为表示诚恳接受和衷心感谢，一下子就赏赐了魏徵五百匹绢。

在任何一个社会时代，都有这样一类人，他们不走正道，专门耍心眼出歪点子，对那些能给个人带来利益的人逢迎巴结、讨取欢心，而对那些可能妨碍个人捞取好处的人造谣中伤、诽谤陷害。这种类型的人如果是生活在普通人群中的就被称为小人，如果是围绕在掌权者身边的就被称为佞臣，他们无时不有，无处不在。而魏徵对历史上的这一类人物了解得很透，熟悉他们的各种伎俩、各式花招，再加上这一次的切身经历，对现实社会中的小人或佞臣的作为有刻骨铭心的真实感受。既有了能够借鉴历史的理性认识，又有了能够关照当代的感性认识，结合二者就可以发现小人或佞臣所使出的破坏性能力虽不大，所产生的破坏性能量却不小。因此，魏徵认为这是一个不可小视的大问题，要认真对待，否则，一旦受到这一类人的干扰，将会使德政方针在贯彻执行中走了样，民本思想在宣扬传播时变了味。于是，魏徵不仅在与太宗的对话中时时谈及这个问题，而且还有针对性地撰写长篇大论，一而再再而三地表明态度，阐发见解，要引起太宗对这个问题的足够重视。

贞观十一年，当时常有宦官担任使者外出办事，返回复命时，隐瞒事实，胡乱奏报，等到真相揭发出来，太宗很是愤怒。魏徵针对这种情况向太宗进言："宦官虽然卑微，但因侍奉在君主身边，常常在君王耳旁说一些是非话，很容易就使君主相信。超越身份、地位、权力所说的这种坏话积累起来，形成的隐患很大。现在陛下您很明白事理，当然不用担忧这种事情，但为了给您的子孙树立学习的榜样，眼下就不可不堵塞这种祸患的源头。"太宗说："不是你，我怎会听到这么中肯的意见？从今以后，停止外派宦官出宫出京担任使者。"

魏徵感觉在短暂的对话中，言未达意，意犹未及，道理讲得还不透彻，于是专门用心写了一篇《论君子小人疏》，为太宗辨析君子的真实言行和揭露小人的虚伪面目："我听说，凡是做君主的，特别在意的是喜好好的而厌恶恶的，亲近君子而疏远小人。喜好好人好事的态度很明确，那么君子就会进用；厌恶恶人恶事的态度很明显，那么小人就会退避。亲近君子，朝廷行政不会产生弊端；疏远小人，听取政见不会偏信一端。小人不是没有小小的优点长处，君子不是没有小小的缺点短处。君子身上的小缺点短处，不过是像洁白玉石上的一点瑕疵；小人身上的小优点长处，也就如同铅制刀具切割东西，只可偶尔利用一下。铅制刀具上的切割功能就那么一点，所以不被有眼光的工匠看重，这是因为一点儿有用的地方不能够掩盖许多无用的地方；洁白玉石上的斑痕瑕疵就那么一点，所以不被有眼光的高人抛弃，这是因为一点儿无用的瑕疵不能妨碍整体有用的美质。如果把喜好小人的小优点长处，就叫作喜好好的，如果把厌恶君子的小缺点短处，就叫作厌恶恶的，这如同认为蒿草和兰花属同一种气味，美玉和石头没有分别，这正是屈原要跳江自杀、卞和要痛哭出血的原因。既识别了美玉和石头的区别所在，又辨别了蒿草和兰花的气味不同，喜好好的却不能进用好的，厌恶恶的却不能退去恶的，这是春秋时郭国君主喜好好人却不能进用、厌恶恶人却不能退去而使得郭国灭亡的原因，也是春秋时卫国大臣史鱼遗憾自己生前不能使卫灵公进用良臣蘧伯玉、退去佞臣弥子瑕的原因。陛下您英明神武，天生睿智，心中充满博爱，引用各种人才，但同时喜爱好人却不太注意选择良臣，痛恨恶人却未能注意疏远佞臣。陛下您又说话毫无隐讳，痛恨恶人太过苛刻，听到人的好就觉得不可全信，听到人的恶就认为一定可信。虽有独到见解的精明，恐怕在道理上还是没全部明白。为什么呢？君子宣表别人的优点长处，小人攻讦别人的缺点短处。听说人的恶而必然相信就是助长小人攻讦的歪道，听说人的好而产生怀疑就是削弱君子扬善的正道。治理国家的人急迫于引进君子而退去小人，却反而使君子扬善的正道削弱，小人攻讦的歪道助长，那么就会君臣失序，上下隔阂，混乱不顺。将用什么来治理呢？而且世上的庸俗常人，胸中没有长远考虑，心思全在告发攻讦上，喜欢谈论朋党。原则上凡是用善意善行相互成全的叫作同德，用恶意恶行相互帮助的叫作朋党。如今却是清水浊水同流，好的坏的不分，把告讦当作正直，把同德当作朋党。把同德当作朋党，就认为他们做的事不可信；把告讦当作正直，就认为他们说的话都可听。这就是君主的恩德不能普遍惠及于下，臣子的忠诚不能全部通达于上的原因。地位高的大臣们不愿辨析指正，地位低的臣子们不敢分析议论，到处承袭这种风气，不知不觉成为习俗，这不是国家的福音，不是治理的正道。这恰好可以助长奸邪，扰乱视听，使得君上不知道应该相信谁，臣下不能够相安无事。如果不做长远考虑，彻底断绝这个根源，那么产生的后患是无穷的。"

贞观十四年（640），魏徵又专门写了一篇《论御臣之术》，引经据典，以古鉴今，为太宗分类辨析良臣与佞臣的正道与邪行："我听说了解臣子没有比得上君主的，了解孩子没有比得上父亲的。父亲不能了解他的孩子，就无法使全家和睦；君主不能了解他的臣子，就无法使全国统一。而要使得全国都安宁，君主无忧虑，必须凭借忠良臣子辅佐。贤能人才在朝廷做官，君主就可以政事有成，无为而治了。……汉代人刘向在《说苑·臣术》篇中说道：'臣子的行为，在表现上分为六正、六邪两大类型。遵行六正的就光荣，触犯六邪的就耻辱。什么样的臣子属于六正类型？第一种，事端还未萌生，征兆还未明显，就清楚地看到了存亡的关键、得失的要害，预先制止于要发生之前，使得君主轻松地立在显耀的地位上，像这样的，就叫作圣臣。第二种，全心全意，每日向君主进献好的意见，用礼义勉励君主，用良策开导君主，君主做对的，就顺应推广，君主做错的，就纠正挽救，像这样的，就叫作良臣。第三种，早起晚睡，毫不松懈地向君主推荐贤才，常常讲说古代人的行为事迹，用来激励君主的意志，像这样的，就叫作忠臣。第四种，明确洞察成功与失败的时机，及早制定预防或补救的方案，堵塞漏洞，断绝源头，转变祸害为福利，使得君主始终无忧无虑，像这样的就叫作智臣。第五种，遵守法纪，专心公事，不受贿赂，推让封赏，节制饮食，像这样的，就叫作贞臣。第六种，国家处在昏暗混乱中，做任何事都不出于阿谀逢迎，敢于冒犯君主的威严，当面直言君主的过失，像这样的，就叫作直臣。这些正是所谓六正类型的臣子。什么样的臣子属于

155

六邪类型？第一种，守住官位贪图俸禄，不用心公事，紧跟世俗风气，随时观望风向，像这样的，就叫作具臣。第二种，凡君主所说的都随声附和称赞，凡君主所做的都随时表示认可，偷偷地探寻到君主的嗜好后就进献供奉，从而用美色妙音来使君主大感快乐，苟且取悦君主，与君主共为游乐，毫不顾忌这样做的后患，像这样的，就叫作谀臣。第三种，内心实在阴险邪恶，外表显得小心谨慎，说着花言巧语，装出和善的脸色，猜忌善人嫉妒贤才，对想要进用的人，就公开宣扬那个人的优点，遮掩那个人的缺点，对想要排挤的人，就公开宣扬那个人的缺点，遮掩那个人的优点，使得君主的赏罚不能妥当，号令不能施行，像这样的，就叫作奸臣。第四种，智谋上完全可以掩饰自己的错误，口才上完全可以推行自己的假话，在内离间骨肉亲情，在外构成朝廷乱象，像这样的，就叫作谗臣。第五种，专断独揽权势，用来颠倒是非轻重，结成私人党羽，用来增加自家的财富，假借君主名义，用来突显自己的高贵，像这样的，就叫作贼臣。第六种，用花言巧语谄媚君主，使君主陷于不义，朋党相互勾结，用来蒙蔽君主的眼睛耳朵，使君主黑白不分，是非不辨，使君主的恶言恶行分布于全国境内，传播于四周邻国，像这样的，就叫作亡国之臣。这些正是所谓六邪类型的臣子。贤良之臣遵行六正之道，不使用六邪之术，所以，上层社会得以安宁而下层社会得以治理。这种人活着时受到人们的欢迎，死后得到人们的思念，这是为人之臣运用好方法所带来的好结果。'《礼记·经解》篇中说：'秤杆秤锤确实悬挂起来，是轻是重就不可能有假。墨斗墨线确实拉扯起来，是歪是直就不可能有假。圆规曲尺确实摆设起来，是圆是方就不可能有假。君子慎重用礼，就不可能用奸诈来欺骗。'这样一来，臣子的忠奸真伪，其实不难辨别了。再对他们以礼相待，以法约束，行善的受奖赏，作恶的受处罚，他们怎么敢不进取呢？怎么敢不尽力呢？朝廷原来想的是要进用忠臣良臣，排除不像样的臣子，已经有十几年了，但只听到这样的说法，没有看到这样的人，为什么呢？大概是想法正确，做法错误。想法正确，那是因为出于公道用心；做法错误，那是因为涉及歪斜行径。是非相互混乱，好恶相互攻讦。即使所喜爱的人有罪，也不会受到处治。即使所厌恶的人无罪，也难免受到处罚。这正是古人所说的喜爱一个人就想尽办法让他活，厌恶一个人就想尽办法让他死。或者仅因小的缺点就全面否定大的优点，或者仅因为小的过失就全部忘掉大的功劳。这正是古人所说的君主的奖赏不可以没有功劳就求取到了，君主的处罚不可以犯有罪过就免除掉了。奖赏不是用来赞扬善行，处罚不是用来惩戒恶行，却还希望邪正之间能够分明，那可以成为现实吗？如果应该奖赏而不故意遗漏关系疏远的人，应该处罚而不故意偏袒关系亲贵的人，把公平当作规矩，把仁义当作准绳，考察事实来匡正名分，依据名分来寻求实情，那么邪与正是不能隐蔽的，善与恶是自然分明的。然后求取那些真才实学的人，不看重那些浮华张扬的人，任用那些忠厚的人，不用那些浅薄的人，那么，不用虚言而实现教化，有一年时间就可以知晓了！如果只是喜爱像美丽锦缎似的外表，却不为了治理百姓而选择官员，有极为公道的言辞，没有极为公道的事实，喜爱一个人却不知道他的缺点短处，憎恨一个人就忘掉了他的优点长处。自徇私情而亲近奸臣佞臣，违背公道而疏远忠臣良臣，那么即使晚睡早起不懈怠，劳费精神苦辛思索，准备取得大好治理是不可能达到的。"太宗看过后，十分欣赏而完全接受。

第5章

杰出的文化建设成就

魏徵的前半生未从事政治活动，没有在官场上混，自然不受杂务羁绊，有较多的清静时光，但他也并非真的闲着，让时光白白地溜走，而是潜心读书，凝神思索，夜以继日地吸收和消化前人创造的文化养分，还参照生活现实的变化，依据社会发展的趋势，随时有针对性地学习和掌握各种文化知识、各家政治学说，以达到学以致用的读书目的。这不仅在他后半生的政治生活中发挥了积极的理论作用，而且很有效地应用到对唐初文化建设的各项具体活动当中。

魏徵在唐初文化建设上取得的重大成就和作出的巨大贡献主要是两方面。一方面是宏观性的，组织协调大型图书的编辑撰写，领导主持古代典籍的整理收藏，参与修订社会礼仪的规范化制度条文，积极进行文学艺术的集体性创作活动。既从思想理论层面宣扬适应当时现实政治需要的儒家理论学说的核心价值观，又从实际生活层面引导调整新形势下社会各阶层人们的关系。另一方面是微观性的，或独立创作，著书立说，或奉命编撰，以儒家思想为主导，博采各家学说之长，以"文章合为时而著，歌诗合为事而作"为主旨，无不关乎国家大计及时事民意，涉及社会生活及现实民情。

文化建树概观

《旧唐书·经籍志》经部礼类著录："《次礼记》二十卷，魏徵撰。"史部正史类著录："《隋书》八十五卷，魏徵等撰。"史部杂传类著录："《自古诸侯王善恶录》二卷，魏徵撰。"子部杂家类著录："《谏事》五卷，魏徵撰。""《群书理要》五十卷，魏徵撰。"集部别集类著录："《魏徵集》二十卷。"这已显示出著述丰富，内容广泛，涉及经、史、子、集各个门类，可说是五花八门，什么都有了。从数量上讲，这已经够多了。但在《新唐书·艺文志》的著录中，除了这些书外，又有不少。史部杂传记类著录："魏徵《祥瑞录》十卷。""魏徵《列女传略》七卷。"集部别集类著录：

"魏徵《时务策》五卷。"以上这几部，或是独撰的，或是主编的。另外，魏徵还参与或组织过一些大型的著述活动，并取得了丰硕成果。《新唐书·艺文志》经部小学类著录："二王、张芝、张昶等书一千五百一十卷。太宗出御府金帛购天下古本，命魏徵、虞世南、褚遂良定真伪，凡得［王］羲之真行二百九十纸，为八十卷，又得［王］献之、张芝等书，以'贞观'字为印。……帝令魏、褚卷尾各署名。"史部仪注类著录："《大唐仪礼》一百卷，长孙无忌、房玄龄、魏徵、李百药、颜师古、令狐德棻、孔颖达、于志宁等撰。……贞观十一年上。"子部类书类著录："《文思博要》一千二百卷，《目》十二卷，右仆射高士廉、左仆射房玄龄、特进魏徵……奉诏撰，贞观十五年。"无论魏徵是以何种形式及在何种程度上付出了智力和精力，在这些优秀著述中，都无疑渗透有他的心血，对灿烂的唐代文化作出了杰出贡献。可惜的是大部分没能留传下来，现在能看到的仅有《隋书》《群书治要》，以及一些零散的诗文篇章，分别收入《全唐诗》和《全唐文》中。即使有这样无法弥补的遗憾，现存的文献及相关资料中也足够清晰地反映出魏徵的文化思想，这就是立足于现实生活，有针对性地服务于当代政治，并昭示于后世之人。

文化遗产整理

隋朝虽短命，只存在了三十七年，但就是这么个短命王朝，却曾有过不可思议的空前的强盛和辉煌，以至于唐王朝用了整整半个世纪的时间奋力追赶，才能够达到与之相当的水平。它的繁荣及强大，不仅表现在政治、经济、军事、文化等方面，也表现在图书典籍的整理与收藏方面。隋文帝开皇三年（583），秘书监牛弘向朝廷建议，派遣使者到隋朝统治的北方各地寻访、求购图书，每得到一卷，就赏给原书的收藏者一匹绢，抄录成新本，即归还旧本。经过一番努力，皇宫未有而民间收藏的图书，又都被搜罗征集起来了。开皇九年，隋文帝平定南朝陈而统一全国，又得到南方的图书。隋炀帝继位后，西京大兴城嘉则殿藏书达到了三十七万卷之多，当然其中有许多副本。炀帝便命秘书监柳顾言等人重新整理，除去重复的书本，得到正本三万七千多卷，收藏于东都洛阳城修文殿。又抄写五十套副本，装订豪华，分作三品，上品用红琉璃卷轴，中品用绀琉璃卷轴，下品用漆轴。并且专门在东都观文殿东厢西厢建造书库贮藏，东厢书库收藏经部和史部典籍，西厢书库收藏了部和集部典籍。还在观文殿后面建起二台，东边的叫妙楷台，收藏古人的书法作品，西边的叫宝迹台，收藏古人的绘画作品。这是继西汉末年刘向、刘歆父子大规模地整理图书后的又一次文化事业建设成就的辉煌展示。但十分可惜，唐高祖武德年间将这批宝贵的文化典籍与艺术作品装船运往西京长安的途中，许多船在经过黄河砥柱时倾覆沉没，损失惨重，仅幸存十分之一二。所以在武德五年（622），秘书监也模仿隋朝的做法，奏请朝廷出资，派人收购散遗的图书，并加以整理贮藏。但因受到当时的政局限制，这项文化建设的成就并不大，仅有临时抢救性的意义。真正负责对唐初的图书典籍进行大规模地有效搜集、整理及收藏的第一人是魏徵。早在武德时，魏徵负责太子东宫的图书馆工作有好几年，对如何建设这项文化事业已预演性地取得了专业知识，积累下成熟经验。所以，太宗贞观三年（629），魏徵一担任秘书监之职，就马上既熟练又有效地投入这项文化事业的建设当中，吸收组织专门人才，领导协调整理校订，"数年之间，秘府图籍，灿然毕备"。从而为随后又主持编撰"五代史"、《群书治要》和参与编撰《大唐仪礼》《文思博要》等大型著作，打下了良好的文献基础。

史学著述及其思想

唐代初年修撰的《梁书》《陈书》《北齐书》《周书》《隋书》《南史》《北史》《晋书》等纪传体"八史"，占了千余年间形成的中国历史的"脊梁"——"二十四史"的三分之一。其中除了《南史》《北史》和《晋书》外，其他五部史书都是由魏徵主持撰修成的。

隋文帝于开皇九年（589）平陈，结束近三百年的分裂局面，天下一统为隋。但仅维持数十年，天下再次发生战乱割据。李渊父子趁机而起，于武德元年（618）建唐，并逐渐扫平天下，由此不仅是在中国历史上，而且在世界历史上出现了空前强盛的大唐帝国。但事实上，隋朝原本也是一个空前强盛的国家，可曾几何时，土崩瓦解了。而创建大唐帝国的唐高祖父子及其功臣，又正好生活在两次由分裂到统一的剧变时代。他们大都既目睹隋朝的兴盛强大，又亲身经历隋朝的衰落灭亡，所以，唐朝君臣为了能使国家长治久安，都很重视总结近代史的经验，以吸取教训。如唐太宗与大臣交谈，屡屡提出以史为鉴的问题，而大臣也每每以隋为例进行劝谏。早在开国初年，著名史学家令狐德棻就曾提出："文史不学，何以贻鉴今古？"于是，当天下初定，高祖便迫不及待地命人修撰近代各朝之史："武德五年十二月下诏：'司典序言，史官记事，考论得失，穷尽变通。所以裁成义类，惩恶劝善，多识前古，贻鉴将来。……朕据图驭宇，长世字民，方立典谟，永垂宪制'。"并做出具体分工，指定某人修撰某部史书。由于当时在外部有叛乱不时发生，而内部又有宫廷争斗愈演愈烈的情形，故修史活动，并不顺利，数年之后，不了了之。当唐朝进入"贞观之治"的时代，太宗特别注意勤行的三件事中，第一件就是"鉴前代成败事，以为元龟"。于是在贞观三年（629），太宗再次下诏重新修撰"五代史"，组织班子，明确分工。诏书中明令魏徵与房玄龄作为总负责人来"总监诸代史"，由令狐德棻"总知类令"，由魏徵"总知其务"，并由魏徵主编《隋书》。

这一次的修史活动，在魏徵的组织协调下，有条不紊地进行，而各史主撰人也专心致志，全力以赴。至贞观十年，全部完成，受到太宗的嘉奖。《册府元龟》卷五四四《国史部·恩奖》说："……撰成周、隋、陈、齐、梁等五代史，诣阙上之，太宗劳之曰：'朕睹前代史书，彰善瘅恶，足为将来之戒，秦始皇奢淫无度，志存隐恶，焚书坑儒，用缄谈者之口。隋炀帝虽好文儒，尤疾学者，前世史籍，竟无所成，数代之事，殆将泯绝。朕意则不然，将欲览前王之得失，为在身之龟镜。公辈以数年之间，勒成五代之史，深副朕怀，极可嘉尚。'"虽然这次修撰"五代史"的成功是各位史学家精诚合作的结果，但还是要特别指出魏徵在其中所起到的作用重大，作出的贡献很大。《旧唐书·魏徵传》说："徵受诏总加撰定，多所损益，务存简正。《隋史》序论皆徵所作，《梁》《陈》《齐》各为总论，时称良史。"

在魏徵和各位史学家的通力合作下，这次重修"五代史"，最终取得成功。共计有《梁书》五十六卷、《陈书》三十六卷、《北齐书》四十卷、《周书》五十卷、《隋书》五十五卷。不过，这五部史书在修成之日就有一个缺憾，即只有以人物记载为主的本纪和列传，以及记载历代图书典籍的《经籍志》四卷，而没有以记载各代典章制度为主的志。所以，到了贞观五年，太宗又下诏修撰《五代史志》，专门记载梁、陈、北齐、周、隋五个朝代的各种制度，以配合"五代史"中的本纪、列传，由宰相长孙无忌总负责。经过十五年的努力，至高宗显庆五年（656）完成，共计三十卷。《五代史志》修成之后，开始时是作为一部独立的史书流传，后为阅读方便，便将它附在《隋书》里，称为《隋书》十志，与本纪、列传合为八十五卷，一并流传。尽管说《五代史志》或《隋书》十志的撰成，才最终使这套史书得以完善，但毕竟是在已完成的"五代史"本纪与列传这两部分的基础上进行的，何况分量很大的《经籍志》部分已有初稿，就是由魏徵草拟编辑的。所以，"五代史"最终完善的大功，仍包含着魏徵所作出的奠基之功。

太宗时期的君臣在思想、意识和政治活动上最明显的特征之一就是"以史为鉴"和"以隋为鉴"，这一点很明确地贯穿在这次修史的实践当中，从而把撰写史书、知古鉴今、治理天下紧密而有机地结合在一起，使自古以来的鉴戒史学进入一个更为崭新的阶段。

魏徵没有留传下来表达其史学思想的专论，但他为"五代史"各部史书所写的多篇总论，则较充分地反映出他的史学观念。其中，最集中、最明显的思想表现是注重人事的进步史观。

魏徵为《梁书》《陈书》《北齐书》的本纪所撰总论的篇幅长度，在"二十四史"中是很罕见的，完全可以看作梁、陈、齐三朝的长篇史论，从中能够在一定程度上探寻出他的主要史学思想。这就是从近代史中寻找"借鉴"，希望新兴的大唐避免重蹈覆辙，能够富强兴盛，长治久安。

这几篇总论，先以梁、陈、北齐三朝各个皇帝为对象加以点评，然后对各朝兴衰成败的变化现象进行简明概括、综合评述和理论总结，不厌其烦地着重指出其中的规律，即国家的兴亡治乱是由人事情况而非天命决定的。

如《陈书》卷六《后主纪》所附魏徵总论，先是一一列举陈朝建国之主高祖陈霸先至亡国之君后主陈叔宝等五位皇帝治国理政的优劣善恶，后再加以总结评议。对于陈朝兴盛衰亡之变，自始至终都毫不含糊地从"人事不畅"的诸多方面探寻其产生的各种因素，揭示其发生的经验教训。南朝的陈国是如此，无独有偶，北朝的齐国也是如此。《北齐书》卷八《幼主纪》所附魏徵总论，首先概括论述神武帝高欢、文襄帝高澄之创业，文宣帝高洋之建国，孝昭帝高演之守成，武成帝高湛、后主高纬之败德乱政而渐至亡国，然后从"人事"的角度，详明分析北齐的兴衰存亡。其兴，其盛，其衰，其亡，无不"由人"所致。"皇天无亲，唯德是辅"，"人事"的是善是恶，决定国家的是兴是亡，北齐王朝可谓典型代表。所以，魏徵才要大论特论，既用心良苦，又用意深远，警示当代的同时，也起昭示后世的作用。

魏徵主编《隋书》，把"以隋为鉴"作为指导思想，把亡国亡君的得失作为唐朝君主"取鉴"的基本内容，从反面向大唐君臣提供了一套值得借鉴的治国方略，即注意调整君民关系、君臣关系，实行"以静求治"的施政方针，促成了"贞观之治"的出现。他在《隋书》卷二《高祖纪》总论中说："于时蛮夷猾夏，荆、扬未一，勉劳日昃，经营四方。楼船南迈则金陵失险，骠骑北指则单于款塞，《职方》所载，并入疆理，《禹贡》所图，咸受正朔。虽晋武之克平吴、会，汉宣之推亡固存，比义论功，不能尚也。七德既敷，九歌已洽，要荒咸暨，尉候无警。于是躬节俭，平徭赋，仓廪实，法令行，君子咸乐其生，小人各安其业，强无陵弱，众不暴寡，人物殷阜，朝野欢娱。二十年间，天下无事，区宇之内晏如也。考之前王，足以参踪盛烈。但素无术学，不能尽下，无宽仁之度，有刻薄之资，暨乎暮年，此风逾扇。又雅好符瑞，暗于大道，建彼维城，权侔京室，皆同帝制，靡所适从。听哲妇之言，惑邪臣之说，溺宠废嫡，托付失所。灭父子之道，开昆弟之隙，纵其寻斧，翦伐本枝。坟土未干，子孙继踵屠戮，松槚才列，天下已非隋有。惜哉！迹其衰怠之源，稽其乱亡之兆，起自高祖，成于炀帝，所由来远矣，非一朝一夕。"在这里，魏徵从事物会向反方面转化的辩证认识出发，对比分析了隋文帝前后时期不同的政治局面，认为隋文帝晚年的所作所为已经带来了严重的后果，所以，隋朝的衰亡，不是"一朝一夕"之间的事，而是"起自高祖，成于炀帝"。这一"见盛观衰"的长篇史论，是魏徵对当代政治生活中出现"居安忘危、处治忘乱"的苗头发出的一种警告。随后他又在《隋书》卷四《炀帝纪》总论中对"隋室之存亡"的前因后果加以详细分析，认为是隋炀帝不仅未能改善隋文帝后期的不善"人事"，而且还沿着这一不善"人事"的轨迹继续滑行，最终陷入国破家亡的深渊。归根结

169

底，魏徵仍在强调国家的兴衰存亡，是取决于"人事"的，即统治者作为的好坏，以及由此引发衍生出的人心向背，而不关乎天命。

文献编撰及其思想

魏徵无论是在个人自主编辑文献成书的文化实践活动中，还是受命主持编辑文献成书的文化实践活动中，都以针对现实生活、服务当代政治为指导思想，进而把所取得的各种具体著作成果视作"为治之具"，即在一定程度上有效地发挥文献记忆对治理国家所具有的资治功能和产生的致治作用，充分体现着一种实用主义的文献学思想。与此同时，其中一些著作成果留传至今，自然又存在着文献资料价值，对于这一客观性的重大意义，也是不能忽视的。

《唐会要》卷三六《修撰》记载："贞观五年九月二十七日，秘书监魏徵撰《群书治要》，上之。"并注说："太宗欲览前王得失，爰自《六经》，讫于诸子；上始五帝，下尽晋年。[魏]徵与虞世南、褚亮、萧德言等始成，凡五十卷，上之。诸王各赐一本。"可见这是一部为当代政治服务的奉命之作，编撰动机的功利性很强，是魏徵实用主义文献学思想的一大实践。书中所选录文献，无论是史事性的，还是政论性的，无不体现着借鉴于古、资治于今的"致用"宗旨，全都渗透着以古人暗指今人、以古事隐喻今事的"讽谏"寓意。魏徵在为此书写的序言中，有这样几句特别关键的话："用之当今，足以鉴览前古；传之来叶，可以贻厥孙谋。"这不仅能以唐初武德、贞观时期的一些人事为验证，而且也可用魏徵奏疏中引述的一些文献典故作对证。

《群书治要》中节录的《史记》原文，仅有短短的两卷，十分简要，所以，很少能看到《史记》原书中那些大段的人物对话、长篇的议政论文、完整的游说辞令，为的是节省文字，减少篇幅，以便和全书的体例一致。然而，偏偏有两处却是破例的，还明显是有意为之。

唐初，太宗及朝中大臣对四周边远地区少数民族政权或国家所持的态度不尽一致，对应该采取什么样的交往政策的意见也不尽一致。分歧主要集中在两点上：是用武力征战的手段使之屈服，还是用怀柔笼络的方法使之诚服。为此，在贞观年间，唐朝君臣还曾专门进行过一次大讨论。至于魏徵的态度和意见，始终是以怀柔笼络为上策，甚至为了不损伤消耗中原内地的人力物力财力，不惜采用少与之交往或不与之交往的政策。但当时的大唐国力正处于蒸蒸日上的阶段，大唐臣民正处于斗志昂扬的时期，因此，以武力征伐而使之臣服朝贡或作为藩属附庸的意见是占上风的，于是太宗屡次派大军远征，先后赶跑了西突厥，打败了东突厥，消灭了高昌国。继而在魏徵死后不久，太宗忘掉了隋炀帝因接连发动攻打高丽的战争而导致亡国的惨痛教训，又发动了攻打高丽的战争，还亲自统领大军，结果是大败而归。到了这个时候，太宗便想起了魏徵，十分痛悔地说："魏徵若在，不使我有是行也！"

现在再回过头来看魏徵在《群书治要》第十一卷《〈史记〉治要》中抄录《周本纪》的一整段文字："穆王即位，将征犬戎，祭公谋父谏曰：'不可。先王耀德不观兵。夫兵戢而时动，动则威；观则玩，玩则无震。先王之于民也，茂正其德，而厚其性，阜其财求，而利其器用，明利害之乡，以文修之，使务利而避害，怀德而畏威，故能保世以滋大。昔我先王世后稷，以服事虞、夏，及世载德，不忝前人。至于文王、武王，昭前之光明，而加之以慈和，事神保民，无不欣喜。商王帝辛，大恶于民，庶民不忍，欣戴武王，以致戎于商牧。非务武也，勤恤民隐，而除其害也。夫先王之制，邦内甸服，邦外侯服，侯卫宾服，夷蛮要服，戎狄荒服。甸服者祭，侯服者祀，宾服者享，要服者贡，荒服者王，日祭，月祀，时享，岁贡，终王。先王之顺祀，有不祭则修意，有不祀则修言，有不享则修文，有不贡则修名，有不王则修德，序成而有不至则修刑。于是有刑不祭，伐不祀，征不享，让不贡，告不王；于是有刑罚之辟，有攻伐之兵，有征讨之备，有威让之命，有文告之辞。布令陈辞，而有不至，则增修于德，无勤民于远。是以近无不听，远无不服。今犬戎氏以其职来王。天子曰："予必以不享征之，且观之兵。"无乃废先王之训而几顿乎！'王遂征之，得四白狼、四白鹿以归。自是荒服者不至，诸侯有不睦者。"结合当时太宗的行为和魏徵的思想，仔细加以对比，就不难发现这段破例性的文字是有明显的现实针对性的，是体现魏徵的服务当代政治的文献学思想的最好例证之一。

在《〈史记〉治要·鲁周公世家》中也有一整段破例性的文字："武公与长子括、少子戏朝宣王。宣王爱戏，欲立为鲁太子。仲山父谏曰：'废长立少，不顺；不顺，必犯王命；犯王命，必诛之。故出令不可不顺也。令之不行，政之不立。今天子建诸侯，立其少，是教民逆也。若鲁从之，诸侯效之，王命将有所壅；若弗从而诛之，是自诛王命也。诛之亦失，不诛亦失，王其图之。'弗听，卒立戏为太子，是为懿公。括之子伯御，攻弑懿公。宣王伐鲁，杀伯御。自是后，诸侯多叛王命。"这里的具体针对性再清楚不过了，就是太宗想要拿掉大儿子李承乾的太子地位，另立小儿子李治为太子。尽管废除李承乾而册封李治的事是在魏徵死后才发生的，但在魏徵生前就已有了明显的苗头。

三国时魏文帝曹丕的《典论》一书有数十篇，尽管全书已不存，但其中有《自叙》《论文》等篇为《三国志》裴松之注、《文选》所录而保存下来，是历来公认的名篇。无独有偶，在《群书治要》第四十六卷也保存了两篇。这两篇并非名篇，却全文抄录，这对于只选录片段文字而不照录整篇文字的全书体例来说，也是一种破例了。为什么要破例呢？只需看看这两篇的引言部分，就已能明白魏徵的用意了。先看《奸谗》篇的引言："佞邪秽政，爱恶败俗，国有此二事，欲不危亡，不可得也。何进灭于吴匡、张璋，袁绍亡于审配、郭图，刘表昏于蔡瑁、张允。孔子曰：'佞人殆。'信矣。古事已列于载籍，聊复论此数子，以为后之监诫，作《奸谗》。"再看《内诫》篇的引言："三代之亡，由乎妇人。故《诗》刺艳女，《书》诫哲妇，斯已著在篇籍矣。近世之若此者众，或在布衣细人，其失不足以败政乱俗。至于二袁，过窃声名，一世豪士，而术以之失，绍以之灭，斯有国者所宜慎也。是以录之，庶以为诫于后，作《内诫》。"引言之后，就是以东汉末年涉及佞人谗妇的事件为例，分析那些失败的政治军事集团失败的缘由。显而易见，魏徵就是要用这两篇来为自己写的《论时政疏》《论君子小人疏》《理狱听谏疏》《十渐不克终疏》等政论文作脚注的。

贞观七年（633），魏徵奉太宗之命，编辑完成了一部

《自古诸侯王善恶录》，"太宗览而称善，谓诸王曰：'此宜置于座右，用为立身之本。'"一部书被皇帝抬举到了"座右铭"的高度，古今罕见，而且被特意指定为高高在上的皇室亲王们的必读课本，究竟是怎么回事呢？其实，这部书从客观上讲是解决当时日益激烈的宫廷内斗的迫切需要的产物，从主观上讲则是太宗的政治动机和魏徵的编撰目的一拍即合的产物。

高祖李渊、太宗李世民一当上皇帝，都是大封皇室成员为诸侯王，而这些没什么功劳、仅凭血缘关系就为王为侯的人，除过个别的，大都不学好，不成器，既祸害一般社会，也破坏政权根基，惹得人们议论纷纷。从统治阶级的长远利益考虑，朝廷虽也出台过处置的措施，采取过解决的办法，但都收效不大。到了这个时候，情况更严重了。皇太子李承乾日益失去父爱，继承人的位置虽已岌岌可危，但还企望能保住。与太子一母所生的同胞弟弟魏王李泰，受太宗宠爱的杨妃所生的吴王李恪等，一看有机可乘，也都企图夺取继承人的地位。甚至连那位不入太宗法眼的第五个儿子齐王李祐也蠢蠢欲动，阴谋以武力夺取皇权。还有太宗的弟弟汉王李元昌也不安分，热衷于此，参与其间。于是，他们都像模像样地效仿父辈们当年的作为，在朝内寻找助手，结帮拉派，在朝外勾结外援，培植势力，闹得是越来越凶了。精明过人的太宗当然能觉察到，但又和当年的李渊一样，出于一种天然的亲情，一时也难以采取严厉的手段果断地解决，他想通过温和感化和教育警示的方法，熄灭宫廷内斗的硝烟。于是他借古喻今地对魏徵说："自古以来，宗室中的王侯能够保全的人很少，都是由于从小生长在富贵的环境中，喜好崇尚骄奢淫逸，大多不懂得亲近君子远离小人。我们的所有子弟，要使他们看一看前代宗室王侯的言行，希望他们从中得到有益的启示，作为自己言行的规范。"并要求魏徵编辑一部有关古代帝王子弟成败事迹的书，赠给各个亲王。魏徵的精明本来就不亚于太宗，曾经又经历过类似的事件，如今处在旁观者清的位置上，对太宗忧心的眼前情景看得再清楚不过了。所以，听太宗这么一说，他就心领神会，且立刻行动，并快速编辑，也想借此达到使那些参与宫廷内斗的皇子们及时清醒过来的目的。

这本书在今天虽已看不到了，但魏徵为它写的序却仍完整地保存着，还是可以通过序言所讲的，大致了解到编辑此书的缘起缘由、方法体例、内容范围和用意所在。那么就看看这篇序言是怎么说的："观夫膺期受命，握图御宇，咸建懿亲，藩屏王室，布在方策，可得而言。自轩分二十五子，舜举一十六族，爰历周、汉，以逮陈、隋，分裂山河，大启磐石者众矣。或保乂王家，与时升降；或失其土宇，不祀忽诸。然考其隆替，察其兴灭，功成名立，咸资始封之君，国丧身亡，多因继体之后。其故何哉？始封之君，时逢草昧，见王业之艰阻，知父兄之忧勤。是以在上不骄，夙夜匪懈，或设醴以求贤，或吐飧而接士。故甘忠言之逆耳，得百姓之欢心。树至德于生前，流遗爱于身后。暨夫子孙继体，多属隆平，生自深宫之中，长居妇人之手，不以高危为忧惧，岂知稼穑之艰难？昵近小人，疏远君子，绸缪哲妇，傲狠明德。犯义悖礼，淫荒无度，不遵典宪，僭差越等。恃一顾之权宠，便怀匹嫡之心；矜一事之微劳，遂有无厌之望。弃忠贞之正路，蹈奸宄之迷途。愎谏违卜，往而不返。虽梁孝、齐冏之勋庸，淮南、东阿之才俊，摧摩霄之逸翮，成穷辙之涸鳞，弃桓、文之大功，就梁、董之显戮。垂为炯戒，可不惜乎？皇帝以圣哲之资，拯倾危之运，耀七德以清六合，总万国而朝百灵，怀柔四荒，亲睦九族。念华萼于《棠棣》，寄维城于宗子。心乎爱矣，靡日不思，爰命下臣，考览载籍，博求鉴镜，贻厥孙谋。臣辄竭愚诚，稽诸前训。凡为藩为翰，有国有家者，其兴也必由于积善，其亡也皆在于积恶。故知善不积不足以成名，恶不积不足以灭身。然则祸福无门，吉凶由己，惟人所召，岂徒言哉！今录自古诸王行事得失，分其善恶各为一篇，名曰《诸王善恶录》，欲使见善思齐，足以扬名不朽，闻恶能改，庶得免乎大过。从善则有誉，改过则无咎。兴亡是系，可不勉欤？"仅仅阅读一下这篇既言简意赅又言深意长的书序，就足可使人不能不深刻反思了，何况原书还列举了许多具有模范启示性的正面人物言行和许多具有告诫警示性的反面人物言行。可惜的是这部煞费苦心的杰作，似未引起期盼的效应。那些权欲熏心而鬼迷心窍的皇子们，并不领会太宗和魏徵这份一厢情愿的良苦用心，没有从中获得正面的"善"行教育和反面的"恶"果教训，最终都未幸免地落得个身败名裂的悲惨结局。

在魏徵的治国安民思想中，以"礼"治国，以"德"安民，是两个最核心的理论观念，同时也为太宗所赞成接受。因此，魏徵除了在日常的行政事务处理中，认真帮助太宗具体贯彻落实这一大政方针外，还积极建立与此相配套的理论体系。在古代，人们所遵循的社会秩序和日常行为规范，主要是受儒家经典之一《礼记》一书的支配和指导。但到了唐初，现实社会发生了一定的变化，《礼记》中那些对过去社会行之有效的礼仪规定，已不能全部适应当代社会的需要。于是，魏徵有针对性地对《礼记》作了适当的改造，以适应新时代生活的需要。首先，是从人们好理解、好接受、好照办的角度，对《礼记》的原有篇章加以简明易行的重新编排，"以类相从，削其重复"。然后，广泛参考和吸收前代学者的研究成果，在"择类从之"的基础上，又进而加上自己的研究心得和生活体验。经过几年的刻苦努力，撰成五十篇，分为二十卷，题名《类礼》，也称作《次礼记》，于贞观十四年五月二十一日献上朝廷。太宗读过这本书后，不仅大加赞赏，"赐物一千段"，予以奖励，而且抄录好多本，赠给皇太子和宗室亲王们，让他们认真阅读，并收藏于皇家图书馆。

早在贞观初年，太宗为了更进一步规范全社会人们的生活行为和礼仪活动，就下令编撰一部带有国家意志而具有全面指导性的大型礼典——《大唐仪礼》，魏徵既是这部礼学大典的具体撰写者之一，又是主要组织者之一。到贞观十一年（637），最终完成献上后，太宗颁布诏令，全国遵行。全书分为六类礼仪："《吉礼》六十一篇，《宾礼》四篇，《军礼》十四篇，《嘉礼》四十二篇，《凶礼》六篇，《国恤礼》五篇，总一百三十八篇，分为一百卷。"此后，虽在高宗与玄宗时分别重新作过修改增删，但都是在这部书的基础上进行而完成的。所以，这部礼学大典虽不存世，但其中的核心内容为传世的《大唐开元礼》所承袭，仍可从中间接地了解到魏徵的礼学思想。

另外，魏徵还有关于礼仪的单篇论文和议论，其中一些传了下来，如《明堂议》《朝臣被推劾期以上亲不宜停侍卫入内议》《嫂和舅服议》等。

显而易见，魏徵对唐初礼仪文化的建树，主要表现在两个方面，一是在古代礼学的研究上，一是在新型礼仪的制定上，既具有当代实用价值，又具有历史文化意义。

　　魏徵不仅以编撰专著、撰写论文的形式宣扬礼教思想，而且在诗歌创作中也不忘表现礼教意识，从而达到用礼教来治国理民的目的。贞观十一年三月，太宗在洛阳西苑的积翠池上泛舟游览，并宴请群臣，当酒喝到高兴时，太宗与群臣各自选题赋诗唱和。太宗写了一首以《尚书》为题的五言律诗："日昃玩百篇，临灯披《五典》。夏康既逸豫，商辛亦流湎。恣情昏主多，克己明君鲜。天身资累恶，成名由积善。"这首诗的内容与创作时的情景很不协调，太宗一边带领群臣从长安玩到了洛阳，眼下就又是在游船上玩得不亦乐乎，又是在宴席上欢畅饮酒，一边却在诗里批判夏、商时的昏君不理朝政，贪图享乐，沉湎酒色。而魏徵的诗题为《赋西汉》："受降临轵道，争长趣鸿门。驱传渭桥上，观兵细柳屯。夜宴经柏谷，朝游出杜原。终借叔孙礼，方知皇帝尊。"内容主要表现西汉初年军国大事及君臣集会，这明显是有借古喻今的深刻用意，所以，当太宗读了魏徵针对此情此景而写的诗后，脸上显出了几分愧色，不好意思地说道："魏徵每言，必约我以礼也。"

附录

年　谱

580年（周大象二年）　魏徵出生。

612年（隋大业八年）　可能是在本年前后出家为道士，创作《道观内柏树赋》。

617年（大业十三年，隋恭帝义宁元年）　隋武阳郡丞元宝藏召魏徵为秘书，后魏徵随元宝藏归顺瓦岗军。代元宝藏所起草的文书信件受到瓦岗军首领李密的欣赏，被召入军中，又做李密的秘书。曾向李密进献十条策略，虽受到肯定，却并未被采用。

618年（唐武德元年，隋大业十四年，隋义宁二年）　九月，李密与王世充两军对峙时，曾向李密的军事参谋长郑颋献计，建议采用深沟高垒、以逸待劳的作战方案，被无理地斥责为老生常谈，结果是瓦岗军惨败。十月，随李密归降唐朝廷，进入京城长安。十一月，向朝廷主动请命，要求去山东做李密余部的安抚工作，于是被任命为秘书丞，出使山东。创作《出关》一诗，抒发情志。到达黎阳境内，立即给镇守黎阳的李勣写了一封劝降信，诱使李勣归顺唐朝廷。撰写《唐故邢国公李密墓志铭》。

619年（武德二年）　正月，达到魏州，顺利地说服元宝藏归顺唐朝廷。十月，在黎阳城被窦建德军俘虏，受到窦建德的器重，被任命为起居舍人。

620年（武德三年）　仍在河北，为窦建德的起居舍人。在窦建德被唐军打败俘虏之后，又回到京城长安，被授予太子李建成的东宫太子洗马之职

622年（武德五年）　十一月，建议太子李建成主动请命，亲自率领唐军前往山东征讨窦建德余部刘黑闼叛军，以便建立武功，提高威信，并交结山东豪杰之士，壮大政治集团势力。十二月，随唐军出征。到达前线后，建议太子李建成采用攻心战术，从而分化了敌人，取得奇效，很快就打败刘黑闼叛军，收复失地。

623年（武德六年）　正月，斩杀刘黑闼后，随唐军凯旋，返回长安，继续担任东宫太子洗马之职。

624年（武德七年）　六月，太子李建成与秦王李世民的宫廷内斗骤为激烈，高祖为平衡矛盾，将在东宫任职的太子中允王珪、太子左卫率韦挺和在秦王府任职的兵

曹参军杜淹一起解职流放。在这次事件中，魏徵有幸未受牵连，仍为东宫太子洗马。

625 年（武德八年） 仍为东宫太子洗马。

626 年（武德九年） 六月四日之前，仍为东宫太子洗马。六月四日发生玄武门军事政变，太子李建成、齐王李元吉被杀，高祖也只能无奈地接受既成血案，立秦王李世民为太子。魏徵虽受到李世民的一番责难，但也最终不了了之，仅仅被贬官为新太子李世民的东宫太子詹事主簿。七月，即升任门下省谏议大夫，并以特使的身份前往山东安抚李建成、李元吉的余党。到达磁州，正巧遇上要被押送去京城的前太子东宫千牛李志安、前齐王府护军李思行，便当机立断，施行特使的权力，将案犯全部释放，不加追究。因此而迅速地取得了人心，使其他余党都尽释前嫌，相安无事。八月，高祖内禅为太上皇，太子李世民即皇帝位，是为太宗。十二月，魏徵多次被太宗召入宫内讨论政事，征求治理国家的意见。有《谏诏免租赋又令输纳》《谏简点中男入军》《请陪送葬建成元吉表》等奏议。

627 年（贞观元年） 夏秋之间，转任尚书省右丞，仍兼任谏议大夫，封钜鹿县男。九月，被派往山东巡视灾情，指导救灾。有人密告魏徵徇私，太宗命人调查，得以澄清。撰写《谏讨冯盎》《对西胡爱珠》《或奏公阿党亲戚》等奏议。

628年（贞观二年） 仍任右丞兼谏议大夫。十月，回乡祭祖扫墓后返京。当时，太宗准备好外出打猎，一听说魏徵回到京城，就立即停止了。曾在太宗面前辩论君主"兼听则明，偏信则暗"及"善始慎终"的道理，又有"乐诚在人和，不在声音"之辩。有《谏科祖考孙罪》《对隋主博物有才》《对齐文宣何如人》等奏议。

629年（贞观三年） 二月，升任秘书监，参与朝政。全心全意，恪尽职守，既组织人员搜集、整理、收藏天下图书，又主持协调梁、陈、齐、周、隋五代史的编撰。有《辨权万纪劾房玄龄王珪考官不平疏》《谏复庞相寿任》等奏议。

630年（贞观四年） 仍任秘书监。有《论处突厥所宜疏》《谏西域诸国入朝》《对大乱之后大可致化》等奏议。

631年（贞观五年） 仍任秘书监。九月，主编完成《群书治要》五十卷。有《谏权万纪任心弹射》《谏封建》《谏新罗国献美女》《对隋日禁囚》《对帝王不能常理》等奏议。

632年（贞观六年） 五月，迁任门下省检校侍中，但只是代理，而非正式担任。进封爵位为钜鹿郡公。有《谏封禅》《对封禅》《谏科围川县官罪》《谏优长乐公主礼数》《谏所行事与贞观初有异》《侍宴于丹霄门》等奏议。

633 年（贞观七年） 三月，被正式任命为门下省侍中，即成为正式的宰相。又协助处理尚书省积压的案件。编撰完成《自古诸侯王善恶录》二卷。受太宗之聘，嫁女儿为吴王李元轨之妻。有《对帝王有盛衰》《谏解薛仁方官加杖》《对奏事战惧》等奏议。

634 年（贞观八年） 仍担任门下省侍中之职。有《对隋末百姓不自保》《谏聘郑仁基女为充华》《谏李弘节家人卖珠坐所举》《谏皇甫德参上书以为讪谤》《对老者君子之枢机》等奏议。

635 年（贞观九年） 仍在门下省侍中任上。有《对突厥内大雪》《对周齐末主优劣》等奏议。

636 年（贞观十年） 正月，主持完成《梁书》五十六卷、《陈书》三十六卷、《周书》五十卷、《齐书》五十卷、《隋书》五十五卷。其中，裁定去取，咸资笔削，多所损益，务在简正，并亲自撰写《隋书》序论及《梁书》《陈书》《齐书》总论。因此，进升散官为左光禄大夫，进封爵位为郑国公，因眼睛有病，视力下降，屡次请求解除侍中之职，担任散闲之官。六月，太宗不得已，同意请辞，任命为正二品文散官特进，虽不担任侍中之职，但仍主持门下省事务，朝章国典，参议得失，徒流以上罪刑，详细复审，而且，俸禄赏赐、随从护卫也和职事官一样。有《对太子师保古难其选》《让左光禄大夫》《谏魏王不得折辱贵臣》等奏议。

637 年（贞观十一年）　仍以特进身份主持门下省事务。三月，参与编撰《大唐仪礼》完成，因此有功，赐封一子爵位为县男，请求将爵位转赐给已亡兄长的儿子。有《论时政疏》《第二疏》《第三疏》《第四疏》《对怀州有上封事者》《论君子小人疏》《理狱听谏疏》《谏阉竖妄有所奏》《谏责显仁宫官司》《对凌敬乞贷责所举》《对弘演纳肝》等奏议。

638 年（贞观十二年）　仍以特进身份主持门下省事务。有《谏责臣遇亲王下马》《谏听谏与贞观初不同》《对守文创业》《对读书善事》等奏议。

639 年（贞观十三年）　仍以特进身份主持门下省事务。有《十渐不克终疏》等奏议。

640 年（贞观十四年）　仍以特进身份主持门下省事务。五月，编撰完成《次礼记》二十卷，太宗分别赐给皇太子及亲王们各一部，并收藏于内宫。有《对李密王世充优劣》《谏格猛兽表》《论治道疏》《嫂叔舅服议》

《谏平高昌以为州县》《谏出韦元方为华阴令》《谏内出高昌妇女与薛万均对事》《谏禁张士贵》《对上封人请亲纳表奏》《论御臣之术》《对为政之要务全其本》等奏议。

641年（贞观十五年） 仍以特进身份主持门下省事务。十月，参与编撰《文思博要》完成。有《谏高昌不失臣礼》《谏西行诸将不得上考》《谏遣使西域市马》《谏责房玄龄等》等奏议。

642年（贞观十六年） 九月，被特意任命为太子太师，辅导皇太子李承乾，继续主持门下省事务。有《谏魏王移居武德殿》《对积德累仁》《对君臣治乱》等奏议。

643年（贞观十七年） 正月十七日，病危逝世。追赠司空、相州都督，谥号"文贞"，陪葬昭陵。二月，太宗命人在凌烟阁上画功臣肖像，其中就有魏徵的画像。有《遗表稿》。

参 考 书 目

1.〔唐〕孔颖达：《春秋左传正义》，中华书局影印世界书局缩印阮元校刻《十三经注疏》本，1980年。

2.〔西汉〕司马迁：《史记》，中华书局点校排印本，

1959 年。

3.〔东汉〕班固：《汉书》，中华书局点校排印本，1962 年。

4.〔南朝宋〕范晔：《后汉书》，中华书局点校排印本，1965 年。

5.〔唐〕魏徵等：《隋书》，中华书局点校排印本，1973 年。

6.〔唐〕李延寿：《北史》，中华书局点校排印本，1974 年。

7.〔后晋〕刘昫等：《旧唐书》，中华书局点校排印本，1975 年。

8.〔宋〕欧阳修、宋祁：《新唐书》，中华书局点校排印本，1975 年。

9.〔宋〕司马光：《资治通鉴》，中华书局点校排印本，1956 年。

10.〔宋〕王溥：《唐会要》，上海古籍出版社点校排印本，1991 年。

11.〔宋〕王钦若等：《册府元龟》，中华书局影印明崇祯刻本，1960 年。

12.〔清〕永瑢等：《四库全书总目》，中华书局影印清浙江杭州刻本，1965 年。

13.〔宋〕李昉等:《文苑英华》,中华书局影印宋刻残本配明隆庆刻本,1966年。

14.〔清〕彭定求等:《全唐诗》,中华书局断句排印本,1960年。

15.〔清〕董诰等:《全唐文》,上海古籍出版社影印清扬州官刻本,1983年。

16.〔唐〕王方庆:《魏郑公谏录》,上海古籍出版社影印文渊阁《四库全书》本,1987年。

17.〔元〕翟思忠:《魏郑公谏录续录》,上海古籍出版社影印文渊阁《四库全书》本,1987年。

18.〔唐〕吴兢:《贞观政要》,上海古籍出版社点校排印本,1978年。

19.〔唐〕魏徵等:《群书治要》,北京理工大学出版社排印本,2013年。

20.赵望秦:《汉唐长安名相》,西安出版社,2007年。

21.吴枫:《魏徵》,黑龙江人民出版社,1979年。

22.刘荫柏:《魏徵》,河北人民出版社,1982年。

23.赵润兰、申建国:《魏徵》,三秦出版社,1991年。

24.卢华语:《魏徵评传》,南京大学出版社,2006年。

25.姜正成:《忠谏人生——魏徵》,中央编译出版社,2014年。

26.仓修良主编:《中国史学名著评介》(第一卷),山东教育出版社,1990年。

27.谢保成主编:《中国史学史》,商务印书馆,2006年。